Starke FRAUEN
AUS WESTFALEN

Wartberg Verlag

Bildnachweis

Umschlag:
Vorderseite (von links oben nach rechts unten):
Gaby Gerster; Essener Luftfahrtarchiv, Frank Radzicki; ullstein bild – Ritter; Friedrich-Naumann-Stiftung; Jana Heusinger; ullstein bild – ullstein bild; Maegie Koreen/Privatarchiv;
Rückseite: Jörg Manegold.

Innenteil:
S. 6: ullstein bild – ullstein bild; S. 9: Wikimedia Commons, gemeinfrei; S. 10: ullstein bild – ullstein bild; S. 11: ullstein bild – joko, S. 12: Wikimedia Commons, gemeinfrei; S. 13: Porträtfoto Ida Gerhardi Archiv, S. 14, 15: Galerie der Stadt Lüdenscheid, Fotos Steffen Schulte-Lippern; S. 17: Kommunalarchiv Minden, D/Dettmer; S. 19: Mindener Museum; S. 20, 21: Elke Madlehn-Meier/privat; S. 22, 24 Melitta Gruppe; S. 25: Kreisarchiv Warendorf, Dep. 88/1, 15.01.03-9; S. 28, 29: v. Bodelschwinghsche Stiftungen Bethel; S. 31, 32, 33: Maegie Koreen/Privatarchiv; S. 35: ullstein bild – HDG Bonn; S. 36: ullstein bild – ullstein bild; S. 37, 38, 39: Essener Luftfahrtarchiv, Frank Radzicki; S. 40, 41: Klaus vom Lehn/privat; S. 42: Soester Anzeiger/Peter Dahm; S. 44, 45, 46: Marc Albano-Müller/Verein für Heimatkunde Schwelm e.V.; S. 47: Stadt Siegen; S. 49, 50: ullstein bild – ullstein bild; S. 51, 52, 53: Iber-Schade/privat; S. 55: ullstein bild – Galuschka; S. 56: ullstein bild – Werner OTTO; S. 58, 59: Jüdisches Museum Westfalen/privat; S. 61: Gauselmann AG; S. 62: Torben Conrad, Hamburg; S. 64: ullstein bild – Brigitte Friedrich; S. 65: ullstein bild – Brill; S. 66, 68: Gaby Gerster/privat; S. 69: ullstein bild – Kohr; S. 70 l.: ullstein bild – imageBROKER/Oliver Gutfleisch; S. 70 r.: ullstein bild – Dagmar Scherf; S. 72: Friedrich-Naumann-Stiftung; S. 74, 75: TZML; S. 76: Andrea Gerecke; S. 79: Universität Münster; S. 81, 82: porta-Unternehmensgruppe; S. 84 o., 84 u., 85: © dpa; S. 86: ullstein bild – Public Address; S. 87: ullstein bild – Sven Simon; S. 89, 90, 91: Jana Heusinger; S. 92: © dpa – Bildarchiv; S. 93: ullstein bild – Kohr.

1. Auflage 2019
Alle Rechte vorbehalten, auch die des auszugsweisen
Nachdrucks und der fotomechanischen Wiedergabe.
Gestaltung und Satz: r2 • www.ravenstein2.de
Druck: Druck- und Verlagshaus Thiele & Schwarz GmbH, Kassel
Buchbinderische Verarbeitung: Buchbinderei S. R. Büge, Celle
© Wartberg-Verlag GmbH
34281 Gudensberg-Gleichen • Im Wiesental 1
Telefon: 056 03/9 30 50 • www.wartberg-verlag.de
ISBN 978-3-8313-3249-6

INHALT

VORWORT

Helden begegnen wir seit der Antike. In Legenden und Sagen tauchen sie auf, jene Figuren, die sich durch heroische Fähigkeiten auszeichnen, sich durch körperliche Kräfte, Schnelligkeit und Ausdauer hervortun. Gestalten, die mutig sind, aufopferungsbereit und voller Tugenden. Sie kämpfen für ihre Ideale und setzen sich für Mitmenschen ein. Die eine oder auch andere ganz außergewöhnliche Tat macht einen Helden erst zu einem solchen. Das Glück steht demjenigen zur Seite, wenn er Ungeheuer überwältigt, Riesen erschlägt, Blutrache nimmt und bedrohte Jungfrauen errettet. Kein Wunder, dass so manche der bekannten Größen aus der Geschichte einen gottgleichen Status erhält, als Halbgott oder Nachkomme aus einer Verbindung von Sterblichen und Göttern. Großes Ansehen macht aus dem einen oder anderen einen Volks- oder Nationalhelden, um dessen Person sich Mythen ranken. Mit Helden kann und darf man sich identifizieren. Sie dienen als Vorbild: Männer und Frauen.

Unsere „Starken Frauen aus Westfalen" sind in diesem Sinne ebenso Heldinnen. Bekannte und weniger bekannte Persönlichkeiten aus den unterschiedlichsten Schichten, die sich in ihrer Zeit mit Besonderem hervortun: als Politikerin, Unternehmerin, Wissenschaftlerin, Künstlerin, Sportlerin aus Vergangenheit und Gegenwart. Ganze Bände könnte man mit ihnen füllen und muss sich doch auf die Seitenanzahl zwischen diesen beiden Buchdeckeln beschränken. Die Porträtierten stehen stellvertretend für die überaus große Anzahl von engagierten Frauen speziell in unserem westfälischen Lande. Gar zu gern hätte ich mit jeder ein Tässchen Tee getrunken, leider war mir das nur mit einigen vergönnt ...

ANDREA GERECKE

HEXEN-VERFOLGUNG

(1450–1750)

IN FRÜHER NEUZEIT UND DARÜBER HINAUS

Schnell wird ein Schuldiger für persönliches Unglück, Missernten, Krisen gesucht und gefunden. Alles basiert auf dem Glauben, und die Obrigkeit spielt meist mit. Wer praktizierter Zauberei beschuldigt wird oder gar mit dem Teufel im Bunde stehen soll, den spürt man auf, nimmt ihn fest, foltert und bestraft ihn.

Besorgt blickt Vater Lorenz auf seine Große. Sie hat seine Haarfarbe geerbt, nur geht das Blonde schon stark ins Rötliche. Wenn die Sonne darauf liegt, scheint ein Feuer zu tanzen. Und jede Menge Sommersprossen zieren ihr hübsches Gesicht. Kein gutes Omen, denkt er. Seit die Mutter Greta dem Kindbettfieber erlegen ist, kümmert sich die zwölfjährige Elsa um die Familie mit den zehn Geschwistern und den Großeltern auf dem bäuerlichen Anwesen im Westfälischen. Die mütterliche Gabe mit dem Blick für die richtigen Kräuter hat die Tochter geerbt. Sofort weiß das Mädchen, welches Kraut in welcher Form gegen welche Krankheit hilft, bei Mensch und Tier. Ein Segen eigentlich – oder doch eher ein Fluch? Zumal in der Nachbarschaft schon getuschelt wird.

Die kinderlose Cousine Agatha hat sich Lorenz aufgedrängt. Aber sie ist nicht sein Fall, und sie geht nicht gut mit den Kleinen um. Außerdem ist doch Elsa da ...

Hilflos muss der Vater miterleben, wie seine Älteste verhaftet wird. Nachts schleicht er sich zum Turmverlies und spricht ihr unterhalb eines vergitterten Fensterlochs Mut zu. „Ich kann nicht mehr, Vater", haucht sie zuletzt. „Und danke für deine Liebe." Da hat sie unter der stundenlangen Folter in der sogenannten peinlichen Befragung ihren Peinigern alles gestanden, was die hören wollten. Schließlich bringt die vorherige gütliche Befragung durch den Richter nichts, auch nicht das Zeigen und Erklären der Folterinstrumente wie Daumenschrauben und Streckbank. Sie will nicht glauben, was ihr da geschieht. Ihrem geliebten Vater verschweigt sie, dass man sie nackt und bloß gemacht hat, selbst die schönen Locken sind abrasiert, um nach einem Zaubermittel zu schauen und ihre Zauberkraft zu brechen. Einer von den Henkern hat sie peinlichst genau nach einem Hexenmal untersucht, sich schließlich auf sie geworfen und ihr die Unschuld genommen. All das behält sie für sich.

Als auf dem Marktplatz der Scheiterhaufen errichtet ist, hat sich das Volk eingefunden, um das Schauspiel zu verfolgen. Lorenz will seine Elsa ein letztes Mal sehen, vielleicht gibt sein Anblick ihr Kraft und vielleicht werden seine Gebete doch noch erhört. Im dichten Gedränge steht Agatha nur ein Stückchen entfernt von ihrem Cousin und mit direktem

Der gütlichen folgt die peinliche Befragung und meist ein Geständnis des Opfers.

Blick auf das inzwischen knisternd lodernde Feuer des riesigen Reisighaufens. Sie vernimmt die angstvollen Rufe und das Stöhnen von Elsa – gefesselt an einen Pfahl, bis eine Ohnmacht sie erlöst – und hört den Jubel des Publikums. Agathas Gesicht sieht zufrieden aus.

***

Weit verbreitet ist die Hexenverfolgung in Mitteleuropa vor allem während der Frühen Neuzeit. Aber auch Jahrhunderte zuvor und bis in die Gegenwart ist Hexenverfolgung global angesagt, immer noch in Afrika, Südostasien und Lateinamerika. Drei Viertel der Opfer in Mitteleuropa waren damals Frauen. Den Höhepunkt erlebt die konkrete Verfolgungswelle in Europa zwischen 1550 und 1650, währte aber schon ein Jahrhundert eher und noch ein weiteres Jahrhundert länger. Drei Millionen Menschen soll im Zuge der Hexenverfolgung der Prozess gemacht worden sein, allein in Deutschland kommen etwa 40 000 Hexenverbrennungen zusammen. Ein echtes Massenphänomen.

Das europäische Rechtssystem legalisiert zumeist Folter. Erpresste Geständnisse und dabei angezeigte Komplizen überzeugen das Volk. Je mehr geschieht, umso weniger wagt jemand Kritik daran. Im Gegenteil: Benachbarte Bewohner fordern von ihrer Obrigkeit ebenso einsatzfreudiges Handeln. Hexenproben gehören zwar nicht in offizielle Gerichtsverfahren, sind eigentlich verboten, aber dennoch werden sie praktiziert. Wasser-, Feuer-, Nadel-, Tränen-, Wiegeprobe – die Ausführenden sind einfallsreich. Die Strafe des Feuertodes steht schließlich auf das Verbrechen der Hexerei. Um die Seele zu reinigen, werden die Opfer lebendig verbrannt. Vorheriges Enthaupten, Erdrosseln oder ein Schwarzpulversäckchen um den Hals gehängt, gelten als Gnadenakte. Was in den Anfängen vorrangig alleinstehende, arme, bäuerliche Frauen trifft, dehnt sich später auf andere soziale Schichten aus. Es geht um Macht, Neid, Eifersucht.

OPFER IN WESTFALEN

Grete Stises muss über heilkundliche Fähigkeiten verfügen, die sie auch erfolgreich praktiziert. 1570 gilt sie als erstes Opfer der Soester Hexenprozesse. Im südlichen Sauerland kontrolliert Kaspar von Fürstenberg die Geschicke. Seine zunächst zurückhaltende Rolle wandelt sich mit dem Tod seiner Frau, den er einer vermeintlichen Hexe zuschreibt. „Die Richtersche" Dorothea Becker, Ehefrau des Richters, gerät in seinen Fokus. 1590 werden allein in der Herrschaft Bilstein 28 Menschen der Hexerei angeklagt, mindestens 21 davon hingerichtet. Weitere 19 Menschen sterben 1592 unter diesen Umständen. Verfolgungen in Drolshagen, Attendorn, Oberkirchen und dem Amt Fredeburg … Anna-Margaretha Schmidt, geboren 1684 in Wenden (Sauerland), wird das letzte Opfer der Hexenverfolgung in Olpe: am 24. Februar 1696 im Alter von zwölf Jahren auf dem Bratzkopf durch das Schwert hingerichtet – ein Gnadenerweis. Starke Frauen in Westfalen und anderswo, von denen inzwischen auch Denkmäler und Ausstellungen zeugen und für die es vielleicht eine späte Ehrenrettung gibt.

ANNA VON TECKLENBURG-SCHWERIN

(ca. 1532–1582)

EINE FÜRSORGLICHE REGENTIN

Es geht bei der Heirat von Anna von Tecklenburg-Schwerin und Junggraf Eberwin um Konfession und um Territorium, denn die Bischöfe von Münster und Osnabrück stellen ihrerseits Herrschaftsansprüche an die beiden Grafenhäuser. Politisches Geschick sagt man später der Regentin nach.

Für Anna von Tecklenburg-Schwerin belegen verschiedene Quellen ein Geburtsdatum am 5. Juli 1532. Vielleicht war es auch ein Freitag nach Mariä Verkündigung im Jahr 1530. Fest steht auf jeden Fall, dass dem einzigen Kind des Grafen Konrad von Tecklenburg-Schwerin und der Landgräfin Mechthild von Hessen (Tochter von Landgraf Wilhelm I. und Anna von Braunschweig) das Schicksal vorherbestimmt ist. Anna muss eine gute Partie machen, die Land und Einfluss sichert. Das entscheiden die Eltern. 1553 steht fest, auf wen die Wahl gefallen ist für die Tecklenburger Erbtochter. Es ist der 18-jährige Junggraf Eberwin, Erbe von Bentheim und Steinfurt. Im katholischen

Bentheim erkennt man für diese Verbindung sogar die in Tecklenburg eingeführte „Confessio Augustana" an, ein grundlegendes Bekenntnis der lutherischen Reichsstände zu ihrem Glauben.

Zwei Kinder bekommt Anna in ihrer Ehe mit Eberwin, 1554 den Sohn und Erben Graf Arnold, ein Jahr später die Tochter Walburga. Als Annas Vater 1557 stirbt, wird sie Landesherrin und damit Oberhaupt der Grafschaft Tecklenburg sowie der Herrschaften Wevelinghoven und Rheda. Es hätte noch mehr sein können, aber Graf Konrad musste zu seinen Lebzeiten die Grafschaft Lingen an Kaiser Karl abtreten. Eine Folge des Schmalkaldischen Krieges. Die Ehe von Anna und Eberwin steht unter keinem guten Stern. Glaubens- und Besitzfragen zerrütten sie schon bald. Dem jungen Grafen liegt daran, die Reformation in Tecklenburg rückgängig zu machen. Er will Konflikte reduzieren, schließlich ist der Stiftsadel von Münster und Osnabrück überwiegend katholisch geblieben. Doch damit nicht genug. Er beansprucht die Regierungsgewalt nicht nur über seine, sondern auch über die Territorien von Anna. Vehement weigert sie sich, widersetzt sich ihrem Angetrauten. Der wiederum lässt sie kurzerhand in den Turm der Tecklenburg werfen. Also in ihrer eigenen Residenz! Doch Eberwin hat nicht mit der Tecklenburger Ritterschaft gerechnet, die zu ihrer Gräfin steht und dem neuen Herrn vorwirft, er habe „mit anderen Weibern als der Gräfin Beylager" gehalten. Ein ganz klarer Ehebruch folglich. Als der Graf nur 26-jährig an der „Französischen Krankheit" (der Syphilis) stirbt, findet die Tragödie 1562 ein Ende. Da beider Sohn Arnold noch zu klein ist, übernimmt die Mutter bis 1573 auch die Regentschaft in den Grafschaften Bentheim und Steinfurt. Dann ist der Junge alt genug für sein Amt.

Anna muss politisches Geschick besessen haben, und man sagt ihr auch medizinische Kenntnisse nach. Dafür spricht die Apotheke, die sie auf der Tecklenburg einrichtet, mit Pillen und Salben, mit Arzneien und Tinkturen.

Leider gibt es nichts Schriftliches über ihre Heilkünste. Aber der Arzt Johannes Weyer (Wier oder auch Virus) aus Grave an der Maas bestätigt sie, als man ihn auf die Burg holt, um eine Krankheit der Gräfin zu heilen. Aus dem Zusammentreffen der beiden entwickelt sich eine langjährige Freundschaft. Weyer verfasst das Buch „Von den Blendwerken der Dämonen", spricht sich gegen die Hexenverfolgung aus. (In Annas Territorien soll es übrigens keine Hexenprozesse gegeben haben.) Jener Johannes Weyer urteilt in seinen Schriften über die jung verwitwete Herrscherin: Und doch habe sie „drey Graffschaften und zwo Herrschafften sampt deren Landt unnd Leuthen mit recht und gutem willem unnd in frieden ganz fürsichtiglich, weißlich, ruhiglich unnd lang regieret."

Die grassierende Pest wird ihr zum Verhängnis. Sie stirbt daran am 24. August 1582 in Münster, im dortigen Bentheimer Hof (genannt zur Kemnade). Ihren Leichnam überführt man nach Bentheim, bestattet Anna von Tecklenburg-Schwerin an der Seite ihres Ehemannes in der Grabkapelle der Stadtkirche.

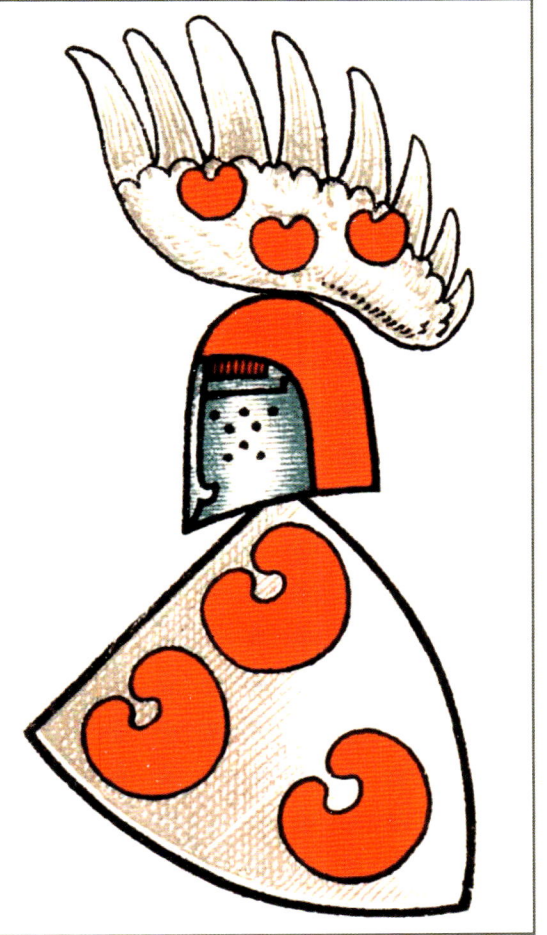

Das Wappen der Grafen von Tecklenburg, ca. 12. Jahrhundert.

ANNETTE VON DROSTE-HÜLSHOFF

(1797–1848)

„… NACH HUNDERT JAHREN MÖCHT ICH GELESEN WERDEN"

Musik und Dichten sind die Passionen von Annette von Droste-Hülshoff.

Bescheiden ist sie zu Lebzeiten und wird später doch als „größte deutsche Dichterin" bezeichnet: Annette von Droste-Hülshoff. Bis 2001 ziert ihr Bild die 20-DM-Scheine. Es gibt Museen, nach ihr benannte Straßen, unzählige Biografien und Fernsehfilme, die Bezug auf ihr Schaffen nehmen.

Das Mädchen kommt am 12. Januar 1797 auf dem Wasserschloss Hülshoff, zwischen Havixbeck und Roxel bei Münster, auf die Welt. Es erhält den Taufnamen Anna Elisabeth Franzisca Adolphine Wilhelmine Louise Maria von Droste-Hülshoff und stammt aus einem der ältesten Adelsgeschlechter Westfalens. Als zweites von vier Kindern reiht sie sich in den Nachwuchs von Clemens-August II. von Droste zu Hülshoff (1760–1826) und Therese von Haxthausen (1772–1853) ein. Jenny, die ältere Schwester, erweist sich später als engste Vertraute. Der jüngere Bruder Werner-Constantin wird Nachfolger des Vaters auf dem Gutsbesitz. Der jüngste Bruder Ferdinand ist gerade Forstmeister, als er schon verstirbt. Seine Schwester Annette hat ihn hingebungsvoll gepflegt. Ihr ganzes Leben lang fühlt sie sich ihrer Familie eng verbunden.

Kultur und Bildung gehören aufs Wasserschloss Hülshoff. Die Mutter ist für den Elementarunterricht zuständig, ansonsten kümmern sich verschiedene Hauslehrer um den Nachwuchs. Ihre angeschlagene gesundheitliche Konstitution gibt der Zweitgeborenen wenig Spielraum. Schreiben geht, bringt Erfüllung, steht im Sinne einer im Biedermeier üblichen Familienkultur. Zunächst notiert sie kleine Gelegenheitsgedichte und Stammbuchverse. Der Dichter und Jurist Anton Mathias

Sprickmann aus Münster, fast ein halbes Jahrhundert älter als Annette, unterstützt sie als erster literarischer Förderer und Ansprechpartner. Endlich jemand, mit dem man über die entstandenen Texte reden kann, der einen im tiefsten Inneren versteht. Ihre Beziehung zum Göttinger Jurastudenten Heinrich Straube steht unter keinem guten Stern. Eine Intrige sorgt für das Scheitern der Verbindung: traumatisch und demütigend. Die private Katastrophe bringt aber ab 1819 einen Zyklus von geistlichen Liedern auf die Sonn- und Feiertage des Kirchenjahres hervor, der erst nach ihrem Tod veröffentlicht wird. Heute ein herausragendes Beispiel seiner Art und ein ganz persönliches Bekenntnis inklusive Glaubenszweifel.

Als der Vater 1826 stirbt, zieht die Mutter mit ihren Töchtern nach Haus Rüschhaus bei Münster, eine Mischung aus Bauernhaus und Herrensitz. Die junge Frau widmet sich zeitweilig mehr ihrem musikalischen Talent, im Elternhaus stets gefördert. Kein Wunder bei einem passionierten Violinisten als Vater. Die Musik und das Dichten sind die großen Lieben von Annette, wenngleich ihr Wirken als Komponistin in späterer Zeit lange im Schatten steht. Sie entscheidet sich für die Poesie, auch weil sie das Operntextschreiben als „etwas gar zu Klägliches und Handwerksmäßiges" empfindet.

Annette zieht es zugleich in die Ferne, sie reist in den 1830ern an den Rhein, nach Bonn und Köln, beteiligt sich am gesellschaftlichen Leben und schließt Freundschaften. Literarisch haben es ihr – entsprechend dem Zeitgeschmack – längere Verserzählungen angetan, denen sie sich ausgiebig widmet. 1838 erscheinen Texte von ihr im Münsterschen Aschendorff-Verlag. Die Familie, aber auch literarische Gesprächspartner treiben sie voran.

Das Bildnis der Künstlerin ziert bis 2001 die 20-DM-Scheine.

Landschafts- und Ortsbeschreibungen entstehen, außerdem lokalbezogene historische Balladen. 1842 veröffentlicht das Cottasche Morgenblatt (führend beim Thema Literatur) ihre Novelle „Die Judenbuche. Ein Sittengemälde aus dem gebirgigten Westphalen". Alles kommt in der Geschichte des Friedrich Mergel vor, den man erhängt an einer Buche findet, wo Jahre zuvor ein Jude ermordet wurde: Milieu, Krimi, Moral, Vision.

Schwester Jenny heißt inzwischen von Laßberg und ist Schlossherrin auf der Meersburg am Bodensee. Inspiration pur für Annette. Ein neuer, umfangreicher Gedichtband kommt 1844 heraus, und man wird in der literarischen Welt aufmerksam auf die Kreative. Aber die Kräfte lassen nach, und die Gesundheit spielt nicht mit. Auf dem Anwesen der Schwester stirbt Annette von Droste-Hülshoff am 24. Mai 1848. Vor allem „Die Judenbuche", ihre Naturlyrik und Texte, die in die Zukunft blicken,

begründen ihren Ruhm. Von ihr stammt die Äußerung: „Ich mag und will jetzt nicht berühmt werden, aber nach hundert Jahren möcht ich gelesen werden." In den 1870er-Jahren wird sie – katholisch und westfälisch – zur „größten deutschen Dichterin" gekürt.

DIE GESELLSCHAFT

1928 wird sie gegründet: Die Annette von Droste-Gesellschaft e.V. verfolgt das Ziel, das Gedächtnis an eine besondere Künstlerin lebendig zu halten, Kenntnisse über Leben und Werk zu sichern und zu verbreiten. Außerdem geht es ums wissenschaftliche Erforschen der kulturellen Kontexte im 19. Jahrhundert und das Fördern der Wirkungsgeschichte bis in die Gegenwart.

Die Zeichnung „Die Gartenlaube" von 1868 (Künstler unbekannt) zeigt das Rüschhaus, in dem Annette von Droste-Hülshoff zeitweilig mit der Familie lebte.

IDA GERHARDI

(1862–1927)

DIE IMPRESSIONISTIN

Das kreative Feuer muss in dieser Zeit schon in ihr gebrannt haben, denn allen Ratschlägen von Mutter, Onkeln und Tanten zum Trotz setzt sie nach erfolgreichem Schulabschluss ihren Willen durch. Ida Gerhardi wird Malerin.

Ida Gerhardi im Garten ihres Hauses an der Altenaerstraße in Lüdenscheid (1904).

Ida Gerhardi stammt aus bürgerlichen, zunächst wohlhabenden Verhältnissen und wird 1862 in Hagen geboren. Sie ist erst sieben Jahre alt, als ihr Vater stirbt. Als Arzt konnte er die Familie gut ernähren. Von nun an ist die Mutter mit ihren drei Kindern auf Verwandte angewiesen, die sie finanziell unterstützen. Das erlaubt nur einfachste Verhältnisse. Aufgrund ihrer Herkunft und des familiären Umfelds erhält Ida die angemessene Schulausbildung einer höheren Tochter, inklusive Zeichenunterricht. Nach erfolgreichem Schulabschluss fährt sie nahtlos nach München. Ihr Bruder studiert dort Medizin und beherbergt sie. Malunterricht will sie nehmen in der bayerischen Metropole. 1890 startet sie als Schülerin bei der Landschaftsmalerin Tina Lang Blau. Sie ist erfolgreich und das Ergebnis unumstößlich. Sie will ihren Traum leben, einen Beruf ergreifen und Malerin werden, dazu zieht es sie zum Studium der Kunst nach Paris. Staatliche Akademien nehmen Frauen nur äußerst selten zum Studium auf, Ausländerinnen haben erst recht so gut wie keine Chance. Es bleiben nur die privaten Kunstschulen, die auch Frauen zulassen. Ida schreibt sich ein und startet 1891 ihr Studium an der Académie Colarossi.

Landschaften haben es Ida Gerhardi zunächst angetan. Ab 1893 wendet sie sich der Porträtmalerei zu, erste Aufträge in jenem Jahr liefern Honorare. Ein wenig zweckbestimmt macht sie das Genre zum Mittelpunkt ihres Schaffens, auch weil sie dadurch von den Verwandten finanziell unabhängiger wird. Ich muss bekannter werden, denkt sie und freut sich natürlich über die lobenden Worte ihrer Kunden. Sie versucht ihre Bilder in Ausstellungen unterzubringen. 1900 gelingt ihr die Teilnahme an der Ausstellung der Berliner Sezession, 1902 ist sie bei der Sezessionsausstellung in München dabei und 1905 beim Salon des Indépendants in Paris. Ihr Bekanntheitsgrad steigt.

Zwar lebt Ida Gerhardi lange Zeit in Paris, aber das Bohémien-Leben vieler Künstler scheint nicht ihrem Lebensmodell zu entsprechen. Doch es hinterlässt Spuren. In Bildern zwischen 1902 und 1905 malt sie das nächtliche Vergnügen in Paris. Als ihre besten und freiesten Arbeiten schätzen die Kritiker später ihre Tanzszenen aus dem Tanzlokal Bal Bullier ein. Sie entstehen völlig ohne Auftraggeber, vielleicht gerade deshalb die besondere Qualität

und Ausstrahlungskraft. Im Bal Bullier kommen – bunt gemischt – kleine Angestellte, Studenten, Künstler und Literaten zusammen, treffen auf Mitglieder der sogenannten besseren Gesellschaft. Die Malerin Käthe Kollwitz begegnet dort auch Ida und notiert: „Eine Kollegin von mir, Ida Gerhardi, war Abend um Abend da, um Skizzen zu machen. Die Kokotten kannten sie und gaben ihr immer ihre Sachen, während sie tanzten, zur Aufbewahrung."

1907 sorgt sich Ida um die Zusammenstellung einer deutsch-französischen Kunstschau für den Berliner Kunstsalon Schulte. Immer wieder führt das Vorhaben sie nach Deutschland. Sie sucht Auftraggeber für ihre Porträts und besucht ihre Familie. Bekümmertheit durchzieht ihre Briefe, die vom engen finanziellen

Tanzbild VIII, Can-Can-Tänzerinnen bei Bullier (um 1904).

Tanzbild X, Tanzszene bei Bullier (1905).

unermüdliche Energie ich haben muss, um mich durchzusetzen, persönlich muss man mitten im Kampf stehen und die Leute rütteln und schütteln." 1912 erkrankt sie so schwer an einer Rippenfellentzündung, dass sie kaum mehr den Pinsel führen kann. Mit damaligen Mitteln ist die Krankheit unheilbar. 20 schaffensreiche Jahre verbringt Ida in Paris. Elf Monate vor Ausbruch des Ersten Weltkriegs gibt sie ihr Atelier auf und siedelt 1913 wieder nach Lüdenscheid zur Familie. Wenn es ihr Gesundheitszustand erlaubt, dann widmet sie sich ihrer Leidenschaft. Umständehalber sind es meist Blumen oder Blicke aus ihrem in der damaligen Sadowastraße gelegenen Atelier. 1927 stirbt Ida Gerhardi in Lüdenscheid.

Spielraum und dem harten Kampf um Anerkennung als Malerin handeln. So teilt sie ihrem Bruder mit: „Du siehst, welch fruchtbare,

AUFBRUCH DER MALEREI

Auch um ihre Modernität zu unterstreichen, bezeichnet sich Ida Gerhardi als Impressionistin. Ihr Credo lautet schon 1895: „Der Künstler muss die ganze Natur, die ganze Menschheit erfassen können, um sie überzeugend wiedergeben zu können, – im Ganzen muss Empfindung, Gefühl ruhen, sonst erfasst es Dich nie. Nicht nur die technische Vollendung musst Du bewundern, die erst in zweiter Linie, das ist etwas Erworbenes, durch Jahre und Fleiß, wie sie sich so viele Künstler zu eigen machen. Das Gefühl, das in einem Kunstwerk liegt, musst Du bewundern …" Damit beschreibt sie den Aufbruch der Malerei am Ende des 19. Jahrhunderts: Distanz schaffende Vorzeichnungen entfallen, Farben werden entsprechend der unmittelbaren Empfindung der Malerin auf der Leinwand verewigt.

KAROLINE DETTMER

(1867–1959)

CHANCEN NUTZEN

Karoline wächst heran, als von 1878 bis 1890 alle „gemeingefährlichen Bestrebungen der Social-Demokratie" unter Strafe stehen. Politisches Engagement ist ihr lebenslang wichtig.

Das Verbot hindert sie nicht daran, Zeitschriften und Flugblätter der illegalen SPD zu verteilen. Für die Parteipresse zählt sie später zu den Aktivistinnen. Auf einem Foto um 1885 wirkt die junge Frau stark und geradlinig. Eine, die sich nicht verbiegen lässt.

Karoline Möller wird am 4. Oktober 1867 als Tochter eines Schneiders in Stadthagen geboren, wo sie ebenso wie ihre Schwester Dora die Volksschule besucht. Bei der Wahl eines Ehemanns haben wohl auch der berufliche Hintergrund der Familie und die politische Orientierung eine Rolle gespielt. Wilhelm Dettmer ist erheblich älter als Karoline, arbeitet als Schneider bei Hagemeyer in Minden (dem angesagten Modehaus der Stadt) und tritt schon 1873 dem Allgemeinen Deutschen Arbeiterverein bei. Pflichtbewusst und politisch engagiert, in diesem Sinne muss die Frau an seiner Seite wirken. Karoline bringt die besten Voraussetzun-

gen mit. Und während ringsum die Frauen eher in ihrer Geschlechterrolle verharren, sich um Heim und Herd kümmern, darf sie sich an der Seite eines engagierten Sozialisten politisch betätigen. Sie bekommt eine echte Chance und nutzt sie voller Energie.

In ihrem Erfurter Programm hält die SPD 1891 die Forderung nach einem Frauenwahlrecht fest. August Bebel hat seinen Einfluss geltend gemacht, und damit ist es die erste Partei in Deutschland, die diesen Punkt auf ihre Fahnen schreibt. Allerdings hält sich der Glauben, dass mit dem Ende der Unterdrückung des Arbeiters durch den Kapitalisten irgendwie am Rande die Unterdrückung der Frau durch den Mann ausgehebelt wird. Versammlungen sprechen indes auch speziell Frauen an. Am 27. Mai 1898 redet Clara Zetkin im Kaisersaal an der Königstraße über „Die Reichstagswahlen und die Sozialdemokratie", der Vortrag einer anderen Rednerin zu jener Zeit widmet sich dem Thema „Der Kampf um eine kulturwürdige Menschenexistenz" und findet sogar in einem Polizeibericht Platz. 1908 wird das Reichsvereinsgesetz geändert. Frauen dürfen offiziell SPD-Mitglieder werden, was bald zu den allerersten Quotendiskussionen führt und Karoline Dettmer schließlich 1912 stellvertretende Schriftführerin werden lässt. Ab 1914 engagiert sie sich ehrenamtlich beim Jugendamt und später auch beim Wohlfahrtsamt.

Der Erste Weltkrieg bringt Not und Entbehrungen. Frauen übernehmen daheim die Aufgaben der Männer. Die Versorgungslage verschlechtert sich zunehmend. „Brotkarten" werden 1915 in Minden eingeführt. Die Masse der Bevölkerung hungert und friert erbärmlich im „Steckrübenwinter" 1916/17. „Durchhalten, Aushalten, Mundhalten" heißt eine Parole im Land. Widersprüchlich zeigen sich die Entwicklungen in der Weimarer Republik nach Ende des Krieges. Frauen werden wieder zurückgedrängt in ihre ursprünglichen Rollen. Zwar soll die moderne Gattin zugleich Kameradin ihres Mannes sein, aber spätestens nach Geburt des ersten Kindes ist Schluss mit der Erwerbstätigkeit (für Beamtinnen sogar ein Muss). Auf der anderen Seite gibt es zahlreiche Möglichkeiten für politische Tätigkeit, soziales Engagement, Weiterbildung, zwischenmenschliche Kontakte und sinnvolle Freizeitgestaltung – zum Beispiel in der Arbeiterwohlfahrt.

Geradlinig und stark wirkt Karoline auf diesem Foto (um 1885).

Für Karoline heißt es, als Beisitzerin zugleich das einzige weibliche Vorstandsmitglied im Mindener Ortsverband zu sein. Außerdem zählt sie zum Unterbezirksvorstand der SPD. Als am 2. März 1919 in Minden die erste Kommunalwahl nach neuem Gesetz stattfindet, geht die SPD als stärkste Kraft daraus hervor. Karoline Dettmer wird gewählt und gehört als erste Frau zum honorigen Kreis der sozialdemokratischen Stadtverordneten. Redeberichte von ihr sind in Presseveröffentlichungen enthalten, beziehen sich meist aufs Wohlfahrtswesen, andere sind indes flammende Appelle an die Frauen, über ihr Schicksal zu entscheiden.

Auch weil Karolines Ehe kinderlos bleibt und sie ihren Mann zeitig verliert, kann sie flexibel all ihren politischen Verpflichtungen nachkommen. Ihr Einkommen erwirbt sie sich indes als Hausangestellte. Das ehrenamtliche Engagement bestätigt sie, bringt ihr Anerkennung. Sie wirkt von 1918 bis 1920 als Beisitzerin beim städtischen Mieteinigungsamt, ist von 1919 bis 1922 Mitglied der Lebensmittelkommission, die dafür zuständig ist, in Notzeiten Lebensmittel anzukaufen und verbilligt an die Bürger abzugeben. Ab 1919 baut sie als treibende Kraft mit vielen Helferinnen die Mindener Arbeiterwohlfahrt auf, die mit der „Nähstube" für Bedürftige beginnt, und steht 1926 dem 9. Wohlfahrtsbezirk Minden vor. Sie ist die erste Vorstandsvorsitzende und spätere Ehrenvorsitzende des Ortsausschusses beziehungsweise Ortsvereins. Als Stadtverordnete engagiert sie sich 1929 im städtischen Gesundheitsrat, in der Marktkommission, in der Theaterkommission und im Fürsorgeausschuss.

Die deutsche Politikerin der Weimarer Republik schafft es sogar zur SPD-Reichstagsabgeordneten. Im Januar 1930 rückt sie für den verstorbenen Abgeordneten Wilhelm Schlüter nach – bis zur Auflösung des Reichstags im selben Jahr.

Mit dem Jahr 1933 werden Parteien und Gewerkschaften zerschlagen, nur was ins System der Nationalsozialisten passt, darf bestehen. Selbst die Nähmaschinen der Arbeiterwohlfahrt werden beschlagnahmt. Viele Bürger ziehen sich ins Private zurück. Die sozialdemokratische Infrastruktur Mindens bricht auseinander. Als nach dem Zweiten Weltkrieg die Arbeiterwohlfahrt wieder aufgebaut wird, ist 1945 die betagte Karoline Dettmer daran maßgeblich beteiligt. Nachfolgerinnen aus dieser traditionsreichen Sozialdemokratenfamilie treten in ihre Fußstapfen. Am 21. August 1959 stirbt Karoline Dettmer in Minden. Ein städtischer Kinderhort am Königswall 16 trägt ihren Namen. Die sozialpädagogische Einrichtung hat den Auftrag, die familiäre und schulische Erziehung zu ergänzen und zu unterstützen.

IDA CAROLA STRÖVER-WEDIGENSTEIN

(1872–1955)

„DIE GOLDENE PFORTE"

Ida Ströver setzt in ihrer Autobiografie der Porta Westfalica ein Denkmal. Schreiben ist ihre eine Passion, das leidenschaftliche Malen die andere.

Auf geführte Touren geht es mit zertifizierten Natur- und Landschaftsführern. Porta Westfalica aktiv erleben, heißt es, wenn zum Beispiel Elke Madlehn-Meier in die Rolle der Ida Caroline Bertha Hermine Stroever (geboren am 16. September 1872 auf dem mütterlichen Gut Wedigenstein) schlüpft und am Kaiser-Wilhelm-Denkmal startet. Ebenso wie ihr Alter Ego trägt sie zur passenden Kleidung einen Hut, denn für solcherart meist ausladende Kopfbedeckung ist die Künstlerin bekannt, die ihre Kindheit und Jugend als Nesthäkchen am Fuße des Wiehengebirges verbringt. Kaum startet die Landschaftsführerin in ihrer selbstgewählten Rolle, schon ist man mitten im Spiel. „Gut Wedigenstein, nahe der Porta Westfalica, kennen sicher viele", sagt Elke Madlehn-Meier und erklärt die Sache mit dem Hut: „Für eine Malerin in der Natur einfach praktisch!"

Aber zurück zu den Anfängen und den Erinnerungen aus der Kindheit, die in der Auto-

Ida Ströver – gemalt von Lotte Schröder-Krüger, 1951.

indianerhaften Freuden scholl Berg und Tal wider", erinnert sich Ida, die Tochter des Gutsbesitzers Carl Justus Bernhard Stroever.

Die Mutter von Ida (Luise Christiane, geb. Bödecker) ist gehörlos, was aber andere Sinne schärft, künstlerische Ambitionen weckt, und so lernt die Tochter durch sie das feine Beobachten. Es entwickeln sich eine Liebe und ein Drang danach, alles Erlebte als Malerin und Schriftstellerin mit sämtlichen Empfindungen zu Papier zu bringen. Doch so nahtlos soll es nicht vonstattengehen. Ein Mädchen braucht eine ordentliche Basis, also nach der Höheren-Töchter-Schule – in diesem Fall die Hauswirtschaftsschule in Bremen – und dort ein Quartier bei den Tanten. Daheim häufen sich die Katastrophen, das Gut erlebt einen wirtschaftlichen Niedergang, und die Eltern sterben. Die junge Frau setzt ihr gesamtes Erbvermögen ein, um ihren Traum zu erfüllen. Mit 21, und damit volljährig, entscheidet sich Ida 1893 für die Damen-Akademie des Künstlerinnen-Vereins in München. Frauen werden zum „richtigen" Universitätsstudium in jenen Zeiten noch nicht zugelassen. Das Thema Emanzipation ist ihr fortan unheimlich wichtig. Während ihrer Münchener Zeit häufen sich Reisen und Studienaufenthalte in Amsterdam, Rom, Neapel, Florenz, Venedig. Aktstudien, Plakate, erste Ölmalereien entstehen. Fresken sind ihr Metier, zu jenen Zeiten für Frauen äußerst ungewöhnlich. Ida ist couragiert. Sie setzt sich 1904 als Abgeordnete von 700 Münchener Frauen beim Internationalen Frauenkongress in Berlin für die Frauenfrage inklusive Wahlrecht ein.

biografie „Die goldene Pforte" festgehalten sind. Eine Hommage an die Porta. Sonnabend ist „der schönste Augenblick in der Woche", wenn die zwei großen Brüder aus Minden auftauchen. Meist begleitet von deren Freund Felix, den das kleine Mädchen famos findet und zu ihrem Ritter erklärt. Keiner von den Großen kann ihr dann noch etwas anhaben. Man vertreibt sich die Zeit im Kuhstall. Felix liebt die Geschichten von Fräulein Rottmann, die die Aufsicht über die Milchkübel hat. Der Rest der Truppe spielt Verstecken. In Höhlen aus Heu und Stroh. Fast wäre die Kleine darin erstickt, weil es die Brüder doch zu arg treiben und sie verbarrikadieren. Aber der Retter Felix ist zur Stelle. Und keiner bekommt genug vom gemeinsamen Herumtollen. „Von unseren

1906 zieht Ida nach Bremen, wo sie später mit der Silbernen Medaille für die Ausgestaltung eines Marmorhofes ausgezeichnet wird. Sie betreibt Studien an der Bremer Kunstbibliothek, arbeitet nebenbei journalistisch für die Bremer Nachrichten. Ihre Aktivitäten in der Berliner Frauenbewegung datieren auf das Jahr 1913. Sie reist nach Italien und Holland, das Werk Rembrandt van Rijns hat es ihr besonders angetan. Es braucht Zeit, bis ihre Werke Anerkennung finden. Mit Großformatigem tut man sich schwer. 1916 illustriert sie eine Ausgabe des „Heliand", das frühmittelalterliche Epos über das Leben Jesu; es erscheint in

einer Auflage von 65 000 Exemplaren, davon 20 000 als Feldausgabe für Soldaten. Nach dem Ersten Weltkrieg entstehen 1919 die „Bremer Sturmtage", eine Sammlung von Zeichnungen über die Revolution für die „Bremer Räterepublik" sowie 1922 die Lithografiemappe „Amazonen". Die Künstlerin wendet sich der Grafik zu. Das Ergebnis sind expressive, großformatige Linoldruckausgaben. Zu Beginn der 1930er-Jahre erhält die Malerin den Auftrag, die Heilandskirche im Wittekindshof bei Bad Oeynhausen zu gestalten. Ida kennt keine Grenzen oder Hürden, liegt auf einem Gerüst auf dem Rücken und malt die Kirchendecke an. Sie ist schwindelfrei. Leider bleibt dieses Werk nicht erhalten. Zeitweilig lässt sie sich von der Demagogie des Systems einfangen, wovon auch künstlerische Arbeiten zeugen.

Elke Madlehn-Meier schlüpft in die Rolle von Ida und führt Interessierte auf den Wegen der Künstlerin.

In den 1930er-Jahren ist Berlin angesagt, mit seiner magischen Anziehungskraft auch auf Künstler. Sie verkehrt in entsprechenden Kreisen, lernt die Malerin Käthe Kollwitz kennen. Bis 1943 bleibt Ida dort, dann aber fällt ihr Atelier den Bomben zum Opfer. Sie verliert sämtliche Bestände ihrer Werke einschließlich der Platten und Druckvorlagen. Ihre Existenz ist einmal mehr gefährdet. Freunde helfen ihr immer wieder im Laufe ihres Lebens. Sie macht Station in Murnau (Oberbayern) und findet zurück zur Landschaftsmalerei. Liebe Freundinnen sind es schließlich, die sie bewegen, 1952 in die Heimat zurückzukehren, wo sie ihre letzten Lebensjahre verbringt. Eine Werkschau ihrer Arbeiten gibt es im selben Jahr aus Anlass ihres 80. Geburtstags im Mindener Stadttheater.

Hier ruht in Gott
Ida. C. Ströver
Kunstmalerin
und Schriftstellerin
geb. 16. September 1872
in Wedigenstein
gest. 2. Februar 1955
in Minden

Ida ruht in der Familiengrabstätte von Gut Wedigenstein.

Nach ihrem Tod wird sie 1955 auf der Familiengrabstätte auf Gut Wedigenstein bestattet. In der Dehmer Heimatstube, die 1990 in der ehemaligen Grundschule eingeweiht wird, zeugt eine Ida-Ströver-Ausstellung vom Werdegang und Schaffen dieser resoluten Frau. Auch eine nach ihr benannte Straße gibt es. Die B 61 führt von Barkhausen Richtung Dehme direkt am einstigen Familiengrundstück, das sich in Privatbesitz befindet, vorbei. Kurz danach zweigt die kleine Ida-Ströver-Straße bergaufwärts ab und verbindet sich mit dem Dehmer Weg. Eine schöne Würdigung für die Naturliebhaberin, für die der heranwachsende Wald auf dem Berg ihr liebster Spielplatz in der Kindheit war.

MELITTA BENTZ
(1873–1950)

ERFINDERIN UND SOZIALES GEWISSEN

Melitta Bentz hat einst die Idee zum Kaffee-filter. Aus ihr wird eine engagierte Unterneh-merin und das „soziale Gewissen" der Firma. Weihnachtsgeld gibt es für alle Mitarbeiter seit 1930. Zwei Jahre später wird der gesetzliche Jahresurlaub von sechs auf innerbetriebliche 30 Tage angehoben.

Als pflichtbewusst und tatkräftig wird Melitta beschrieben.

Amalie Auguste Melitta Liebscher kommt 1873 in Dresden als Tochter eines Verlagsbuchhänd-lers auf die Welt. Die Großeltern besitzen im sächsischen Strehla eine Brauerei. Bildung und Unternehmergeist werden dem Mädchen in die Wiege gelegt. Als „bemerkenswert hübsch" wird die junge Frau später beschrieben, außer-dem sei sie tatkräftig und pflichtbewusst sowie mit einem gesunden Temperament gesegnet. Sie heiratet den gleichaltrigen Johannes Emil Hugo Bentz, der als neuntes Kind eines Rektors in Clausthal-Zellerfeld geboren wird und zum Zeitpunkt ihres Kennenlernens als Abteilungs-leiter in einem Dresdner Kaufhaus arbeitet. Liebe auf den ersten Blick? Vielleicht. Aber auf jeden Fall eine schicksalhafte Fügung. Voller Energie stecken beide. 1899 ergänzt Sohn Willy das junge Glück. 1904 stellt sich der nächste Nachwuchs ein: Horst. Tochter Herta macht 1911 die Familie komplett.

Beruflich gibt es ebenfalls Veränderungen. Relativ lang schon hat der Aufschwung der deutschen Wirtschaft angehalten und einem Großteil der Bevölkerung bescheidenen Wohlstand beschert. So entscheidet sich Hugo Bentz 1906 für die Selbstständigkeit direkt an der Wohnadresse. Mit einem Haus- und Küchengerätegeschäft in der Marschallstraße 31, ganz in der Nähe von Schloss und Elbe. Schließlich boomt der Markt. Auch bürgerliche Familien interessieren sich für alles, was die Hausarbeit erleichtert.

Melitta sorgt sich um Haushalt, Kinder und wahrscheinlich auch um das neu gegründete Unternehmen. Fast nebenbei kommt es zu ihrer genialen Erfindung. Kaffee ist längst zum Stan-dardgetränk geworden. Die bislang üblichen

Methoden sind mühsam und unhygienisch. Man schreibt das Jahr 1908. Und möglicherweise hat es sich in etwa so zugetragen:

Melitta sitzt am Küchentisch und grübelt. In der Hand die halbleere Kaffeetasse, im Mund wieder diese Krümel zwischen den Zähnen. Einfach nur ärgerlich, denkt sie. Man müsste was ausprobieren. Ihre Blicke schweifen umher. Vielleicht der Messingbecher? Schön handlich, aber er müsste Löcher in den Boden bekommen. Kaum gedacht, schreitet sie zur Tat und schnappt sich aus der Werkzeugkiste ihres Mannes das nötige Gerät. Jetzt fehlt nur noch etwas, wodurch man alles gießt, ohne dass die Krümel in der Tasse landen. Natürlich! Melitta springt auf und rennt ins Kinderzimmer. Die Schulhefte von Willy. Das ist es. Hastig entfernt sie ein Löschblatt aus einem der Schulhefte. Sie schneidet es passgerecht zu und legt es hinein ... Jetzt mit frisch gemahlenem Kaffee gefüllt, und das kochendheiße Wasser darüber gegossen. Alles befindet sich auf einer großen Kanne und heraus kommt: schmackhafter, bekömmlicher Kaffee, völlig ohne Satz! Sie trinkt ihn begeistert und kann es gar nicht abwarten, ihrem Mann ihre Erfindung vorzuführen. Bei seiner Branchenkenntnis braucht sie nicht lange, um ihn zu überzeugen. Gemeinsam beschließt das Paar, die Melitta-Methode zu vermarkten.

Weil genial einfache Ideen leicht zu kopieren sind, melden die beiden am 11. Juni 1908 beim Kaiserlichen Patentamt in Berlin für einen „Kaffeefilter mit auf der Unterseite gewölbtem und mit Vertiefung versehenem Boden, sowie schräg gerichteten Durchflusslöchern" den Gebrauchsmusterschutz an. Am 20. Juni desselben Jahres wird dieser Schutz für den mit „Filtrierpapier" arbeitenden Filter erteilt. Das Startkapital des Unternehmens beläuft sich bei der Anmeldung beim Dresdner Gewerbeamt im folgenden Dezember auf 72 Reichspfennige. In einem acht Quadratmeter großen Raum der Fünfzimmer-Wohnung beginnt die Filterpapierherstellung. Nach dem Urmodell entstehen die ersten 50 Melitta-Filter, gefertigt in einer Metallwarenfabrik in Westfalen. Eine sächsische Papierfabrik liefert das nötige „nassfeste Filtrierpapier". Die Familie startet ihre Promotiontour. Hugo besucht Dresdner Haushaltswarengeschäfte. Willy und Horst liefern aus, verraten nicht, dass sie die Söhne der Unternehmer sind, und bekommen so als Boten ein nettes Trinkgeld. 1909 beteiligt sich die Firma an der 2. Deutschen Kochkunstausstellung in Dresden. Auf der angesagten Leipziger Messe brüht die Erfinderin eigenhändig auf! Schon 1910 verleihen der sächsische Gastwirteverein und das Kuratorium der internationalen Hygieneausstellung dem Melitta-Filtrierapparat goldene und silberne Medaillen.

Das häusliche Umfeld platzt aus allen Nähten. Die Firma zieht 1915 in eine ausgediente Schlosserei. Von 1916 bis zum Ende des Ersten Weltkriegs führt Melitta Bentz das Unternehmen allein. Ihr Mann ist im Feld. 1920 ein weiterer Umzug plus Erweiterung. Der Geschäftszweck wird ergänzt durch „Utensilien für Haushalt, Küche, Filterpapier, Teefilter, Konservengläser, Lichtschutzvorrichtungen, Gabelreiniger, Wischlappenhalter, Haushaltbücher,

Sparbüchsen, Koch- und Heizapparate, elektrische Küchengeräte". 80 Beschäftigte arbeiten seit 1927 in Doppelschichten. Größere Produktionsstätten lassen sich in Dresden nicht finden, und so siedelt das Unternehmen 1929 nach Minden/Westfalen um. Dort bleibt fortan der Hauptsitz. Binnen vier Tagen landen über Ostern die kompletten Anlagen und Maschinen am neuen Bestimmungsort: per Bahn!

Melitta Bentz liegt das Soziale im Unternehmen am Herzen. Es folgt die Fünf-Tage-Woche mit freiem Sonnabend (1936) und etwas später die „Melitta-Hilfe", ein Sozialfonds für Mitarbeiter. Jubiläumsprämien, Zuschüsse für Freizeitgruppen und kulturelle Veranstaltungen, verbilligte Firmenwohnungen, die eigene billigere Betriebskrankenkasse, Betriebsarzt und Zahnarztpraxis – Sonderleistungen gehen weit über den damals üblichen Standard hinaus.

1932 zieht sich das Ehepaar aus dem operativen Geschäft zurück und überträgt das Unternehmen an die Söhne. 1946 stirbt Hugo, vier Jahre später folgt ihm Melitta Bentz. Die Firmengeschichte geht weiter.

Voller Energie stecken die Eheleute Melitta und Hugo Bentz.

CLARA SCHMIDT

(1874–1949)

DIE ERSTE „FRAUENLISTE"

Neben viel Freundlichkeit und meist Verständnis, bekommen die Frauen in der Wahlwerbung 1924 auch zu hören, dass sie eigentlich hinter die „Kochpötte" gehören würden und lieber auf die Kinder aufpassen sollten. Das sind keine Argumente für Clara Schmidt, die mit ihren Mitstreiterinnen eine erste „Frauenliste" durchsetzt.

Clara Gertrud Maria wird das politische Engagement in die Wiege gelegt. Sie kommt im Januar 1874 in Oelde als Tochter von Joseph Ignaz Willebrand und seiner Ehefrau Clara auf die Welt, als jüngstes von sechs Kindern. Ihr Vater wirkt nicht nur lange Jahre als Amtsgerichtsrat in Warendorf, sondern auch von 1892 bis 1908 als Mitglied des Preußischen Abgeordnetenhauses, der zweiten Kammer des Parlaments für das Königreich Preußen. Als Clara geboren wird, arbeitet der Vater gerade am Untergericht in Oelde. Berufsbedingt geht es 1875 als Kreisgerichtsrat und späterer Amtsgerichtsrat nach Warendorf. Die Familie erwirbt dort ein Anwesen in der Oststraße 39. Clara besucht die Höhere Töchterschule, eine Vorläuferin der Marienschule.

Politisches Engagement ist für Clara selbstverständlich.

1895 heiratet Clara den Gerichtsreferendar Edmund Schmidt (1858–1914), der als Oberamtsrichter in Schwetzingen und später als Landesobergerichtsrat in Badenweiler arbeitet. Das Paar wohnt seit 1901 in Karlsruhe, wo Clara auch 1909 den ersten Zweigverein des Katholischen Frauenbundes in Baden ins Leben ruft. Die Ehe bleibt kinderlos. Wie mag Edmund zum Einsatz seiner Frau gestanden haben – duldend, wohlwollend? Nach dem frühen Tod ihres Mannes kehrt die Witwe 1920 nach Warendorf zurück, um ihre hochbetagten Eltern zu betreuen.

Aus dem Jahr 1903 datiert die Gründung des deutschlandweiten katholischen Frauenbündnisses. Und als im besonders ereignisreichen Jahr 1924 der Vorsitz im Gesamtbund vakant wird, beauftragt die Delegiertenversammlung Clara Schmidt aus Warendorf mit dem zeitweiligen Vorsitz. Beste Voraussetzungen bringt sie mit. Seit 1921 und bis 1934 ist sie eine rührige und ideenreiche Vorsitzende des Katholischen Deutschen Frauenbundes, Zweigverein Warendorf. (Im Amt folgt ihr die Familie: 1944 ihre Nichte Maria Stieve, in den 1960er-Jahren ihre Großnichte Margret Stieve.) Bei ihren Treffen diskutieren die Frauen auch politische Themen. Es geht um Mädchenschulbildung, Jugendfürsorge, Volksbildung, Kino, Armenfürsorge, Betreuung der Wöchnerinnen. Ein neues „Wohlfahrtsgesetz" beschert den Städten neue Aufgaben. Die Frauen wollen mitreden, denn es heißt: „Es gibt gewisse Dinge, wo ein Frauenzimmer immer schärfer sieht als hundert Augen der Mannspersonen!" Von 1924 bis 1934 gehört Clara dem Schulausschuss beziehungsweise dem Kuratorium der Marienschule an.

Doch zurück zum Jahr 1924. In diesem Jahr kandidiert Clara Schmidt bei den Stadtverordnetenwahlen auf Platz eins der sogenannten Frauenliste – auf der sich allesamt Kandidatinnen aus dem Katholischen Frauenbund befinden – mit Erfolg für den Stadtrat. Diesem gehört sie nach ihrer Wiederwahl 1929, nun auf der Zentrumsliste, bis 1933 an. In den Anfängen haben nicht nur die Warendorfer noch ihre Schwierigkeiten mit dem Engagement des schwachen Geschlechts, wollen sich

gar auf eine gemeinsame Liste mit den Damen nicht einlassen. Zunächst einigt sich die Zentrumspartei mit anderen Parteien auf eine „Bürgerliche Verständigungsliste". Berufsständische Gesichtspunkte entscheiden über die Kandidatur, rasch sind alle Listenplätze besetzt. Nur einen einzigen davon begehren die Warendorfer Frauen für sich. Keiner will verzichten. „Nein", heißt es. Also entsteht die erste und einzige Frauenliste in Warendorf, die sieben angesehene Bürgerfrauen als Kandidatinnen vereint. Clara Schmidt an der Spitze. Der Stein kommt ins Rollen.

Vor Ort werden die Auseinandersetzungen immer heftiger und demütigender, mit Flugblättern, die die Frauen lächerlich machen, mit Spottgedichten … So manche zweifelt an der eigenen Courage. Dann der 4. Mai 1924 mit überwältigender Wahlbeteiligung. Die Frauenliste bekommt 782 Stimmen, vier Frauen ziehen ins Stadtparlament ein! Frau Clara Schmidt (Vorsitzende des Katholischen Frauenbundes), Fräulein Johanna Schwarte (Jugendfürsorgerin), Frau Theresia Kemner (Webersfrau), Frau Frieda Schräder (Kaufmannsfrau). Schwer haben sie es auch noch nach der Wahl. Nach der ersten Ratsversammlung erklärt der Stadtverordnetenvorsteher: „Ich schließe hiermit die Versammlung und bitte die Herren, mit mir ins Nebenzimmer zu gehen." Frauen unerwünscht. Als die kommende Fronleichnamsprozession ansteht, tauchen die Ratsherrinnen im Schwarzseidenen auf, mit weißen Glacéhandschuhen. Sie mischen sich unter die verblüfften Ratsherren. Großes Aufsehen! Als aber der neue Bürgermeister ins Amt eingeführt wird, unterhält sich Oberpräsident Gronowski angeregt mit den vier Damen, führt eine von ihnen sogar zu Tisch – zum gemeinsamen Festessen. Der Bann ist gebrochen. Als einträchtig und nutzbringend wird die folgende Zusammenarbeit bezeichnet. Selbstverständlich kommen die Frauen beim nächsten Mal auf die Wahlliste. Beispielhaft für Deutschland.

Clara Schmidt bleibt bis 1933 Stadtverordnete. Als die Nationalsozialisten an die Macht kommen, stellt sie sich nicht mehr zur Verfügung. Bis zu ihrem Tod im Jahr 1949 lebt sie in Warendorf an der Oststraße.

WAHLKAMPF IM JAHR 1924

Von einem Warendorfer Stadtverordneten ist überliefert: „Solange ich im Rathaus bin, kommt kein Unterrock ins Stadtparlament!" Die mutigen Frauen werden immer reger, die Männer immer hartnäckiger. Aufsehen allenthalben. Große Zeitungen in Köln, Hannover, Hamburg titeln: „Amazonenschlacht in Warendorf", „Da werden Weiber zu Hyänen", „Schmerz, lass nach!", „Frauen kämpfen um ihr Recht!" Ein Londoner Blatt wählt die Überschrift: „Wir beglückwünschen und grüßen die Warendorfer Suffragetten!"

JULIA VON BODEL-SCHWINGH

(1874–1954)

WEBSCHULE ALS THERAPIE

Julia von Bodelschwingh verbindet künstlerische Interessen und soziales Engagement auf wunderbare Weise und erbringt mit der Errichtung ihrer Webschule eine „Pionierleistung auf dem Gebiet der Werktherapie". Das bescheinigen ihr später Fachleute.

Julia von Ledebur zählt gerade anderthalb Jahre, als ihre Mutter im Januar 1876 stirbt. Die Kleine ist die Zweitjüngste in der zwölfköpfigen Kinderschar des Gutsbesitzers und Königlich Preußischen Rittmeisters Albrecht von Ledebur und seiner Frau Elisabeth Wilhelmine Amalie Caroline Marie, geborene von der Recke-Obernfelde. Eine neuerliche Heirat kommt für den Vater nicht infrage. Stattdessen übernimmt seine Älteste, Mathilde, die Organisation des umfangreichen Haushalts auf dem Landgut Crollage, unterstützt von wechselnden Kinderfrauen und den schon größeren

27

Schwestern. „Und so taumeln die Kleinen zwischen der Strenge des Vaters und einer reichlich unkontrollierten Freiheit auf dem herrlichen Gelände des Gutshofes etwas unsicher hin und her", ist überliefert.

Für zwei Jahre darf Julia nach der Volksschule die Höhere Töchterschule in Hannover besuchen, dann geht es wieder zurück aufs Landgut. Jede Hand wird in der Familie gebraucht, die der Schwestern und etlicher Dienstmädchen: für Wäschepflege, Schneiderei, Einmachen, Hausschlachten, Hühnerhaltung, Milchwirtschaft ... Währenddessen arbeiten die Brüder an ihrer beruflichen Karriere. Einer studiert Jura und geht in den Staatsdienst, ein anderer studiert Malerei, die beiden Jüngsten wählen die Offizierslaufbahn. Einige Schwestern finden ihre Berufung als Diakonissen oder leben als Erzieherinnen bei Verwandten. Nur Luise absolviert in Dresden ein Malereistudium, finanziert es sich sogar durch den Verkauf eigener Bilder. Das imponiert Julia, wo sie sich doch ebenfalls leidenschaftlich zur Kunst hingezogen fühlt. Es reicht nur für Aquarelle, die sie in ihrer kargen Freizeit auf dem Landgut malt. Im Betheler Kinderheim arbeitet sie zeitweilig als „Freie Hülfsschwester", drei Jahre als Gesellschafterin in befreundeten Adelsfamilien schließen sich an.

1905 geht endlich ihr Traum in Erfüllung. Mit 31 Jahren startet sie ein fünfjähriges Studium der Kunst in Berlin bei dem zu jener Zeit hoch angesehenen Franz Skarbina. Sogar erste erfolgreiche Malaufträge kann sie verzeichnen. Aber eine unglückliche Liebe und die schwere

Erkrankung eines Bruders veranlassen sie, der Stadt Adieu zu sagen und nach Hause zu fahren. Der Bruder braucht ihre Hilfe. Er ist in den Bethelschen Anstalten untergebracht, und sie wechselt sich dort mit ihren Schwestern in der Pflege ab.

In Bethel lernt sie den drei Jahre jüngeren Pastor Friedrich Bodelschwingh, den Sohn des gleichnamigen Anstaltsgründers, kennen. Die beiden heirateten 1911. (Ihre Schwester Luise heiratet übrigens dessen Bruder Wilhelm.) Ihr Leben bekommt eine völlig neue Richtung an der Seite des Leiters der Bethelschen Anstalten.

Julia ist Ansprechpartnerin für alle – für Angestellte wie Patienten.

Mit ihrer Webschule kann Julia von Bodelschwingh ihre künstlerische Ader ausleben.

Überall nur hineinreden möchte sie nicht und sich schon gar nicht lediglich auf den Haushalt beschränken. So wird sie zur Ansprechpartnerin für alle im Direktionsgebäude – für Angestellte und insbesondere für Patienten. Sie hat immer ein offenes Ohr und einen prüfenden Blick.

Natürlich gehört Arbeit schon seit der Gründung des Hauses zum Alltag in Bethel. Für die betreuten Männer gibt es vielfältige Arbeitsmöglichkeiten in Handwerksbetrieben und in der Landwirtschaft, für die betreuten Frauen hingegen nur Aufgaben in der Wäscherei oder im Haushalt und Garten. Um den Frauen weitere Beschäftigungsmöglichkeiten anbieten zu können, beginnt Julia von Bodelschwingh mit

dem Aufbau einer Weberei und lässt in ihrer Küche einen ganz einfachen Webstuhl aufstellen. Ihre Kenntnisse stammen aus Kindertagen, als sie auf dem Landgut der Eltern mit Flachs und Wolle zu tun hatte, Techniken des Spinnens, Spulens und Webens erlernte. Auch im Kunststudium war Weben ein Thema. Nun gibt sie ihr Wissen weiter. Erklärt geduldig den ersten Kranken das Handwerk, weckt Begeisterung. Weitere Webstühle für andere Pflegehäuser folgen und schließlich eine geräumige Werkstatt. Als 1934 Benita Koch-Otte vom Bauhaus in Dessau nach Bethel kommt und Leiterin der Weberei wird, sind etwa einhundert Webstühle aktiv. Und nicht nur Patienten dürfen sich ausprobieren. Julia von Bodelschwingh lädt auch Arbeitslose aus der

Umgebung ein, gibt ihnen eine sinnvolle Beschäftigung. Die arbeitslosen Männer, vorrangig Industriearbeiter, fertigen nach ihren Entwürfen hochwertige Flickenteppiche an. Vorlage sind kleine Aquarellskizzen von ihr.

Bis zu seinem Tod kurz nach Ende des Krieges, im Januar 1946, steht sie fest an der Seite ihres Mannes, auch als es unter der Herrschaft der Nationalsozialisten zum „Euthanasie"-Programm kommt, wogegen sich Bodelschwingh wehrt. Selbst als Witwe gibt sie nicht auf, hat weiter Ideen und kämpft leidenschaftlich. Sie hilft jungen und alten Menschen, denen der Krieg alles geraubt hat, sucht auf Reisen durchs Land Unterkünfte für Waisenkinder und heimatlos gewordene alte Leute. Und noch einen Traum will sie ab 1947 umsetzen: den Bau eines Heimes außerhalb von Bethel. Das Baugrundstück in Westerhausen bei Melle stiftet ein Neffe. Gut beschrieben hat der Westerhausener Ortspfarrer das Vorhaben der alten Dame, die ein rechtes „Mischhaus" wollte: „Wirtschaftlich zwar dieselben Ordnungen und Vorschriften wie beim Altersheim, aber auf keinen Fall ein Heim nur für Alte, die sich um sich selbst und ihre eigenen und so bedrückend gleichförmigen Altersnöte drehen. Sie wollte vielmehr ein fröhliches, hilfreiches Miteinander von Kranken und Gesunden, Alten und Jungen, Ruhenden und Tätigen." 1950 zieht Julia selbst in ein kleines Zimmer des neuen Hauses. Ende September 1954, kurz vor der endgültigen Fertigstellung des Heimes, verstirbt Julia von Bodelschwingh.

BETHEL

Die v. Bodelschwinghschen Stiftungen Bethel gehen auf ein Heim für epilepsiekranke Menschen zurück, gegründet 1867 vom rheinisch-westfälischen Provinzialausschuss für Innere Mission in Bonn. Man wollte den „Anfallskranken" in einer Zeit, in der leistungsschwächere Menschen zunehmend ausgegrenzt wurden, eine neue Heimat geben. Dem ersten Anstaltsleiter Friedrich Simon folgte 1872 Friedrich von Bodelschwingh, der die junge Einrichtung entscheidend prägte. Unter seiner Leitung – und der seiner Nachfolger – entwickelte sich Bethel zum größten diakonischen Sozialunternehmen in Europa mit 18 000 Mitarbeitern und ist der größte Arbeitgeber in der Stadt Bielefeld. Menschen mit Behinderungen, psychischen Beeinträchtigungen, Epilepsie, Alte und Pflegebedürftige, Kranke, Jugendliche mit sozialen Problemen und Wohnungslose werden durch Bethel betreut.

CLAIRE WALDOFF

(1884–1957)

„NACH MEENE BEENE IS JA JANZ BERLIN VERRÜCKT"

Berlin muss es ihr angetan haben, den passenden Jargon erlernt sie bei Kneipenbesuchen und setzt ihn gekonnt in Gassenhauern, Schlagern, Chansons um. Hemdbluse, Krawatte und vor allem ihr bronzeroter Lockenkopf werden zum Markenzeichen der legendären Volkssängerin Claire Waldoff.

Claire Waldoff wird zur legendären Volkssängerin.

Wir schreiben das Jahr 1884. Clementine und Wilhelm Wortmann nennen ihr elftes Kind (von insgesamt 16) Clara. Die Gastwirtsfamilie ist in Gelsenkirchen zu Hause (in der damaligen Mühlenstraße, nur einen Steinwurf von der Zeche Hibernia entfernt). Bildung ist den Eltern wichtig. Immerhin schicken sie die Kleine zu ersten gymnasialen Kursen für Mädchen. Für ihren Traumberuf Ärztin reichen aber die Finanzen nicht aus, dann eben als zweite Wahl das Schauspielfach und ein richtig schöner Künstlername: Claire Waldoff. Frühe schauspielerische Engagements datieren aus dem Jahr 1903 im niedersächsischen Bad Pyrmont und im oberschlesischen Kattowitz. 1906 folgen erste Auftritte in Berlin, kleinere Komödienrollen im Figaro-Theater am Kurfürstendamm. 1907 dann der Wechsel zum Kabarett an das Theater Roland an der Potsdamer Straße. Von ihr stammt eine Beschreibung ihrer Ausstrahlung: „Meine einfache Art, ohne Geste, nur auf Mimik, nur auf das Mienenspiel der Augen gestellt, war etwas Neues auf der Kabarettbühne. Ich war und blieb die große Nummer in meiner Einfachheit."

Legendär ihr Erscheinen in einem umstrittenen Etonboy-Anzug (gestreifte Hose, weiße Weste, Zylinder – wie die Engländer). Ein flottes Lied auf den Lippen, das Komponist Walter Kollo erst kurz vor dem Auftritt ersinnt, weil das eigentliche Programm mit antimilitaristischen Liedern der Zensur zum Opfer gefallen ist. Und nun: Ein witziger Song, der von einem liebestollen Erpel und seinem Schmackeduzchen handelt. Das Publikum schmilzt begeistert dahin. Weitere Berliner Häuser folgen: das

Chansonsängerin Maegie Koreen setzt das Erbe von Claire Waldoff erfolgreich fort.

Chat Noir (Friedrichstraße), das Linden-Caba-ret (Unter den Linden), das Theater am Nollen-dorfplatz … Später ein Leinwanddebüt beim Stummfilm im Jahr 1915.

Ihre Lebensenergie sprudelt nur so, überträgt sich mit ihrem Humor auf die Zuhörer. Mitte der 1920er-Jahre erlebt sie ihren Karrierehö-hepunkt. Sie tritt in den zwei größten Varietés Berlins auf (Scala und Wintergarten), unter-nimmt Deutschlandtourneen. Operetten und Ausstattungsrevuen sind angesagt. Mit dabei Claire, gemeinsam mit der noch unbekannten

Marlene Dietrich. Wenn man das Radio an-stellt, erklingen Waldoff-Songs, auf Rekord-höhen bringen es ihre Schallplattenverkäufe.

300 Stücke kennt sie aus dem Effeff. Absolute Hits: „Wer schmeißt denn da mit Lehm", „Nach meene Beene is ja janz Berlin verrückt" und „Hermann heeßta" (gern zum Mitsingen). Claire Waldoff bietet Lieder von etwa 40 Kom-ponisten und Liedtextern dar. Mit vielen von ihnen und auch mit Joachim Ringelnatz und Kurt Tucholsky verbindet sie eine enge Freundschaft. Zum Freundeskreis gehört der

Maler Heinrich Zille. Keiner kann ihre Mission als Volkssängerin besser beschreiben als Claire selbst: „Ich will aber gerade vom Leben singen, vom Volke für das Volk, von der Zeit und ihren Nöten. Zur Erfüllung dieser schönen und schweren Aufgabe gehört – das können Sie mir glauben – viel Menschenkenntnis und Einfühlung ins Zeitgeschehen und nicht zuletzt großer Fleiß und eine tiefe Liebe zu den Menschen und Dingen." Bis 1936 läuft alles auf Hochtouren. Aber sie gerät in politische Turbulenzen. Propagandaminister Joseph Goebbels verbietet ihr, in der Berliner Scala zu gastieren. 1942 endet die Karriere gänzlich.

Füreinander bestimmt – Claire und Olga von Roeder.

Und privat? 1917 lernt Claire in Berlin Olga von Roeder kennen. Sie stammt mütterlicherseits aus einer US-amerikanischen Schauspielerfamilie. Die beiden – füreinander bestimmt – werden ein Mittelpunkt des lesbischen Nachtlebens in der Großstadt, führen einen kulturell-politischen Salon zum Gedankenaustausch unter Lesben. „Wir hatten beide das große Los aneinander gezogen", schreibt die Sängerin später, „Olly ist überhaupt ein seltener, lauterer Charakter, ein wunderbarer Mensch." Erst der Tod Claires scheidet die Lebensgefährtinnen.

Von 1939 bis zu ihrem Ende leben beide zurückgezogen in Bayerisch Gmain. Ihre Ersparnisse verlieren sie mit der Währungsreform 1948. Immerhin gewährt der Senat von Berlin der großen Künstlerin ab Juli 1951 einen Ehrensold von monatlich 150 D-Mark. Ein Bedürfnis ist es Claire Waldoff, alles festzuhalten. So erscheint 1953 ihre Autobiografie „Weeste noch…!"; Lesereisen schafft sie nicht mehr. Als alles am Ende des Krieges in Schutt und Asche gefallen ist, konstatiert Claire darin: „Und dann wünsche ich so dringend alle meine lieben Freunde herbei, mit denen die Stunden leider oft zu kurz bemessen waren. Aber glauben Sie mir, es gibt so manchen Esel, dem ich noch nachträglich liebend gerne eine vor den Latz knallen würde." Am 22. Januar 1957 stirbt sie in Bad Reichenhall nach einem Schlaganfall 72-jährig. Als das Familiengrab auf dem Pragfriedhof Stuttgart aufgelöst wird, entscheidet die Stadt, beide Grabgefäße – von Claire und ihrer Partnerin – in einer gemeinsamen Nische der rechten hinteren Außenmauer vom Kolumbarium unterzubringen.

Ihre Heimatstadt widmet ihr eine Straße und weiht 2019 das Claire-Waldoff-Haus ein, in dem die Gelsenkirchener Tafel und der Verein für multikulturelle Kinder- und Jugendhilfe untergebracht sind. Schließlich hat sich die Künstlerin auch sozial engagiert.

KÖNIGIN DES HUMORS

Ebenfalls Chansonsängerin – und wie Claire: „Ich bin richtig aus dem Kohlenpott, ich bin aus Gelsenkirchen geboren." – setzt Maegie Koreen das Erbe erfolgreich fort. 1989 gründet sie in Gelsenkirchen die „Claire Waldoff Bühne", gibt Stars der Kleinkunst und des Varietés aus dem Ruhrgebiet einen Platz. Nach ihren umfangreichen Recherchen entsteht die Biografie einer ungewöhnlichen Frau, die in ihrer Kunst und in ihrem Leben eine couragierte Avantgardistin weiblicher Emanzipation war. („Claire Waldoff – Die Königin des Humors. Eine Biografie von Maegie Koreen")

HELENE WESSEL
(1898–1969)

MUTTER DES GRUNDGESETZES

Helene Wessel ist eine der „Mütter des Grundgesetzes". Als der Parlamentarische Rat 1948 das Grundgesetz für die Bundesrepublik Deutschland erstellt, gehören ihm 61 Männer und vier Frauen an: Elisabeth Selbert, Friederike (Frieda) Nadig, Helene Weber und Helene Wessel. Sie erkämpfen die Verankerung der Gleichberechtigung mit Art. 3, Abs. 2: „Männer und Frauen sind gleichberechtigt."

Helene kommt am 6. Juli 1898 in Hörde (heute Dortmund) als jüngstes von vier Kindern des Reichsbahnbeamten Heinrich Wessel und seiner Ehefrau Helene (geborene Linz) auf die Welt. Zutiefst katholisch sind die Eltern geprägt. Schon 1905 verliert die Familie den Ernährer, als Lokomotivführer Heinrich Wessel an den Folgen eines Arbeitsunfalls verstirbt. Das Mädchen besucht die Volksschule, schließt eine kaufmännische Lehre an einer Handels-schule in Dortmund ab.

Helene ist durch das Elternhaus geprägt, tritt in die Fußstapfen ihres Vaters, indem sie von 1915 bis 1928 als Parteisekretärin der Zentrumspartei arbeitet, der auch er angehörte. Dort trifft sie auf Johannes Gronowski, ein Bekannter des Vaters und nun ihr politischer Ziehvater. 1919 wird sie Mitglied der Partei. Das bisher Gelernte genügt ihr nicht und so absolviert sie 1923/24 eine Ausbildung an der Wohlfahrtschule in Münster. Für die Kosten löst sie ihre Briefmarkensammlung auf und schließt mit dem Examen als Jugend- und Wirtschaftsfürsorgerin ab.

1924 wählt man sie als Beisitzerin in den Parteivorstand und vier Jahre später als Abgeordnete des Zentrums in den Preußischen Landtag. Damit ist sie die jüngste Abgeordnete ihrer Fraktion und kompetente Fachsprecherin für Fürsorgefragen. 1928 studiert Helene an der Berliner Sozialen Frauenschule von Alice Salomon. 1930 gehört sie zum geschäftsführenden Vorstand der Zentrumspartei. Als die Nationalsozialisten die Macht übernehmen und der Preußische Landtag aufgelöst wird, endet auch die politische Karriere der jungen Frau. Helene Wessel gilt nun als „politisch unzuverlässig". Eine Zusammenarbeit mit dem neuen System kommt für sie sowieso nicht infrage. Sie orientiert sich im Sozialen, arbeitet als Büroangestellte und Fürsorgerin in der Zentrale des Katholischen Fürsorgevereins für Mädchen, Frauen und Kinder in Dortmund.

Helene Wessel tritt engagiert in die Fußstapfen ihres Vaters.

Als der Zweite Weltkrieg beendet ist, geht es endlich wieder voran. Helene beteiligt sich an der Neugründung der Zentrumspartei. Und sie wird Herausgeberin des Neuen Westfälischen Kuriers, der seit dem 6. September 1946 erscheint und auf eine lange Tradition zurückblickt (heute Westfälischer Anzeiger in Hamm). Im selben Jahr ist sie als Abgeordnete der Zentrumspartei in den ersten zwei ernannten Landtagen und von 1947 bis 1950 im ersten gewählten Landtag Nordrhein-Westfalens vertreten. Als Mitglied des Zonenbeirates der britischen Besatzungszone wirkt sie 1947/48.

Für den Parlamentarischen Rat 1948 nominiert jedes Bundesland Vertreter. Nordrhein-Westfalen schickt auch Helene Wessel. Als das Grundgesetz entsteht, zählt sie zu den

Die „Mütter des Grundgesetzes": Helene Wessel, Helene Weber, Frieda Nadig und Elisabeth Selbert (v.l.n.r.).

vier „Müttern". Bei der letztlichen Abstimmung verweigert sie allerdings – wegen ihrer Meinung nach mangelnder demokratischer und sozialer Grundrechte – die Zustimmung. Als Abgeordnete der Deutschen Zentrumspartei wird sie 1949 in den Deutschen Bundestag gewählt und als erste Frau in Deutschland im Oktober 1949 zur Parteivorsitzenden der Zentrumspartei. Nie wieder Krieg, so lautet eine ihrer Maximen. Auch deshalb unterstützt Helene die Vertreterinnen der 1951 gegründeten Westdeutschen Frauenfriedensbewegung (WFFB). Die Vereinigung tritt gegen Pläne der Adenauer-Regierung auf, die die BRD wiederbewaffnen und in die westlichen Militärbündnisse einbinden will. Mit Gustav Heinemann

gründet sie 1951 die „Notgemeinschaft zur Rettung des Friedens in Europa". Doch mit ihrer Friedenspolitik gerät sie zu sehr in Widerspruch zur Mehrheitslinie ihrer Partei. Helenes vehemente Ablehnung der Wiederbewaffnung und ihr Engagement in der Notgemeinschaft stoßen in weiten Teilen der Partei auf Ablehnung. Deshalb legt sie ihren Parteivorsitz nieder.

Eine neue Idee wird umgesetzt. Zusammen mit Gustav Heinemann gründet sie 1952 die Gesamtdeutsche Volkspartei (GVP). Bei den Bundestagswahlen 1953 bekommt die neue Partei keine Chance. Wie viele politisch Gleichgesinnte tritt Helene 1957 der SPD bei.

Von da ab (bis zum Jahr 1969) engagiert sie sich im Bundestag. Bis 1965 leitet sie den Petitionsausschuss, ist zuletzt stellvertretende Vorsitzende. Ihre Gesundheit ist inzwischen angeschlagen. Dennoch wirkt sie in der Bewegung „Kampf dem Atomtod", setzt sich für Völkerverständigung ein. 1968 stimmt sie gegen die Notstandsgesetze – mit der Begründung, sie habe die Auswirkungen des Ermächtigungsgesetzes erlebt. Der Tod beendet das politische Engagement der stets aufrechten Kämpferin am 13. Oktober 1969 in einem Krankenhaus in Bonn. Helene Wessel wird auf dem Südfriedhof der Stadt beigesetzt.

THEA RASCHE

(1899–1971)

„THE FLYING FRÄULEIN"

„The flying Fräulein" nennt man sie und „best ambassador of Germany": Thea Rasche. Ein Idol ihrer Zeit, dem das Publikum zujubelt. Sie erhebt sich im Dienst der Völkerverständigung in die Lüfte, das betont die Kunstfliegerin immer wieder.

„Meine Mutter war Holländerin, denen bekanntlich das Reisen im Blut liegt ... Sie war auf dem Standpunkt: fremde Länder und Völker kennenzulernen ist die beste Erziehung. So kannte ich schon vor dem Krieg die Schweiz, Holland, Belgien, Frankreich und England. Das hatte mich vielleicht ein wenig ‚international denkend' gemacht." Die Aussage ist von Thea Rasche überliefert. Korrekt heißt sie Theodora und kommt 1899 in Unna auf die Welt, wo einst der Großvater Wilhelm Rasche die Lindenbrauerei gründete. Lange bleibt die begüterte Familie nicht vor Ort. Man zieht nach Essen, wo Vater Wilhelm die Leitung der dortigen Aktienbrauerei übernimmt. Wer in einem großbürgerlichen Haus aufwächst, dem stehen alle Türen offen. Das Lyzeum (die Viktoriaschule) ist ein Muss, anschließend ein für „höhere Töchter" übliches Pensionsjahr.

Thea Rasche erhebt sich im Dienste der Völkerverständigung in die Lüfte.

THEA RASCHE

Thea Rasche vor ihrem Flamingo-Doppeldecker im Kreise einiger Honoratioren auf dem Flughafen Essen-Mühlheim.

Es schließt sich die landwirtschaftliche Frauenschule in Miesbach an, eine Bürostelle in Hamburg folgt, und Thea landet als Inspektorin auf dem Gut Jühnsdorf, unweit von Berlin. Sie leitet das große Anwesen selbstständig, aber sie scheint unglücklich zu sein. Sängerin will sie plötzlich werden, nimmt Gesangsunterricht, wechselt aber schon bald die Kunst und widmet sich der Malerei. Die Eltern sind entsetzt. Hatten sie doch andere Pläne mit ihrer Tochter. Gut verheiratet, als treusorgende Ehefrau und Mutter zahlreicher Kinder … Selbst einen standesgemäßen Ehemann hat der Vater auserkoren. Thea rebelliert und von daheim gibt es kein Geld mehr für ihre abenteuerlichen Unternehmungen. Doch die werden noch abenteuerlicher!

Als 15-Jährige gelingt es ihr mehrfach, als blinder Passagier in Militärmaschinen mitzureisen. Das müssen die Anfänge von ihrem großen Traum vom Fliegen gewesen sein. Zehn Jahre später absolviert sie ihr Pilotenexamen gegen den Widerstand des Vaters. Aber der ist machtlos. Wenn Thea sich etwas in den Kopf gesetzt hat, dann zieht sie das durch. Außerdem ist die junge Frau volljährig und kann selbst entscheiden. Kunstfliegerin will sie werden. Also folgt noch der Kunstflugschein nahtlos im Anschluss: mit Auszeichnung. Als erste deutsche Frau. Eine Kunstflugveranstaltung nach der anderen schließt sich an – in Köln, Berlin, Düsseldorf, Frankfurt, München, Essen, Dortmund. Loopings, Sinkflug, Rollen – alles kein Problem. Mit ihrem Flugzeug schreibt die mutige Frau sogar akrobatisch ihren Namen in den Himmel. Die Presse ist hingerissen, den Zuschauern stockt der Atem. Gegen 28 männliche Konkurrenten setzt sich Thea 1927 beim „Industrie-Rennen" in Essen durch und freut sich unbändig über den ersten Platz, ebenso wie ihr plötzlich mächtig stolzer Vater. Der schenkt seinem Töchterchen für den Erfolg ein Flugzeug, einen Doppeldecker, auch „Flamingo" genannt.

Schon ein Jahr zuvor darf sie in die Staaten reisen. Das hat ihr der Fliegerruhm bereits eingebracht. Wo auch immer sie auftritt, betont sie, dass sie ihre Fliegerei in den Dienst der Völkerverständigung stellt. Es ist ihr ein Herzensbedürfnis, auch weil ihre beiden Brüder im Ersten Weltkrieg gefallen sind und die Mutter darauf-

hin in eine tiefe Depression fällt. Als „beste Fliegerin für den Frieden der Welt" zeichnet man sie in Amerika aus. Sie genießt ihre Popularität zum Beispiel in New York: „Ich starte, brause über die Riesenstadt, über die Wolkenkratzer und fliege zur Freiheitsstatue." Der Empfang bei ihrer Landung ist überwältigend. Sie wird fast erdrückt von der Begeisterung der Zuschauer. Die „Friedensbotin" wird von Roosevelt, Churchill und Oberst Lindbergh empfangen. In Amerika und Europa frönt Thea ihrer Leidenschaft und sorgt für jubelndes Publikum. Ihr Traum vom Atlantikflug platzt indes. Gelegentliche Unfälle übersteht sie einigermaßen unbeschadet. An ihrem Geburtstag in einem heißen August will sie die Brooklyn-Brücke unterqueren. Der Motor streikt, „Flamingo" landet im Hudson und Thea wird herausgefischt.

Thea winkt ihren Eltern auf dem Flughafen Essen-Mühlheim zu.

Papa greift wieder einmal in die Tasche und zahlt ein neues Flugzeug.

Als ihre finanzielle Lage aber immer prekärer wird, lässt sich Thea für ihren Lebensunterhalt auf Kunstflugtage und Reklameflüge ein. Leichter wäre alles gewesen, hätte sie die amerikanische Staatsbürgerschaft angenommen, aber sie bleibt beim Touristenvisum. Die Verkehrsfliegerei gestattet per Gesetz keine Frauen. In jene Zeiten datiert der Beginn ihrer Tätigkeit als Journalistin. Sie arbeitet als Redakteurin einer Flugillustrierten und als Freie, artikuliert klar die Forderung nach weiblicher Gleichberechtigung und Organisation in der Fliegerei, schreibt Bücher zu ihrem Schwerpunkt und ihre Memoiren. Theas Grundidee von der völkerverbindenden Luftfahrt ist unter den aktuellen Machthabern in Deutschland nicht mehr gefragt. Während des Zweiten Weltkriegs ist Kunstfliegerei kein Thema. Danach arbeitet sie als Fotografin, Vertreterin in der chemischen Industrie ... Bei einem letzten Flug in die USA trifft sie noch einmal befreundete Pilotinnen. Dann wird es still um sie. Bis zu ihrem Tod lebt sie in Essen, wo sie 1971 stirbt, arm und einsam, wie Dokumente bezeugen. In ihren besten Zeiten ein Idol nicht nur junger Mädchen. Die Grabstätte von Thea Rasche wird durch Ratsbeschluss der Stadt Essen im Jahr 2008 zum Ehrengrab umgewidmet.

ELFRIEDE SUPPE

(1908–1996)

DIE „BÜRSTENMACHERIN"

„In diesem Hause lebte und wirkte eine der letzten Bürstenmacherinnen Deutschlands. Sie war wegen ihres bodenständigen Humors und ihrer aufrechten Art ein Soester Original ... Aus ihrem Erbe entstand die Elfriede-Suppe-Stiftung. Die Hospizbewegung in Soest dankt für ihre Hilfe." So steht es auf einer Bronzetafel an dem alten Fachwerkhaus in Soest.

Elfriede Suppe arbeitet bis ins hohe Alter.

Am 29. Dezember 1908 kommt Elfriede auf die Welt. Sie ist das jüngste von fünf Kindern des Bürstenmachers Carl Suppe und seiner Ehefrau Marie, die in der Petristraße 5 zu Hause sind und ihr Geschäft dort 1894 gegründet haben. Eigentlich träumt das Mädchen von einem Beruf als Sportlehrerin. Der Besuch des Städtischen Lyzeums bestätigt es darin. Doch die Eltern schicken Elfriede auf eine Haushaltungsschule nach Coesfeld, damit sie anschließend sach- und fachgerecht den Haushalt ihrer Familie führen kann. Außerdem putzt sie Werkstatt und Laden und vertritt ihre Schwester Hedwig im Geschäft. Das Schicksal der Geburt. So stellt es Elfriede auch später einmal fest, als sie in der Öffentlichkeit erklärt, dass als unverheiratete Handwerkertochter lediglich die Position als mithelfendes Familienmitglied infrage kommt. Als Jüngste in der Runde steht nichts anderes zur Debatte, ausschließlich die Rolle in der Haushaltsführung. Ein Job in der Werkstatt? Gar eine Lehre als Bürstenmacherin? Kein Thema. Putzen, waschen, kochen – und damit basta! Mehrfach zeigen sich junge Männer an der hübschen, aufgeweckten und humorvollen Elfriede interessiert, aber sie lehnt immer wieder eine Heirat ab, zu sehr fühlt sie sich ihrem Elternhaus verbunden, vor allem dann, als der Vater erkrankt und sie ihn lange Zeit pflegt.

Dienstverpflichtet im Zweiten Weltkrieg ist Elfriede für ein paar Monate in der Soester Kolonialgroßhandlung August Morgenbrodt angestellt, ehe sie zum Wehrmeldeamt als Sekretärin wechselt. Immerhin hat das Lyzeum eine gediegene Basis geliefert. Beide

Hier waren die Bürstenmacher von Soest zu Hause.

Stellen gefallen ihr, endlich kann sie über ein eigenes Gehalt verfügen. Dennoch bleibt immer die doppelte Belastung durch den Einsatz zu Hause, den man von ihr erwartet. Endlich ruhen die Waffen, und Frieden kehrt im Land ein. Ihre Geschwister Kurt und Hedwig führen – nach dem frühen Tod des Vaters 1936 – das Geschäft allein. Das Angebot eines Bürstenfabrikanten, für ihn als „Reisedame" (also als Vertreterin) tätig zu werden, lehnt sie ab. So verlockend es auch ist: die große weite Welt kennenlernen, unabhängig sein, ein eigenes Leben aufbauen … Elfriede bietet ihren Geschwistern Unterstützung an. Der große Bruder bringt ihr die verschiedensten Handwerkstechniken bei. Schließlich ist er der eigentliche Bürstenmacher, fertigt auch die Holzformen für Besen und Bürsten, wie es schon zuvor Vater Carl getan hat. 1964 wird sie Mitinhaberin des Bürstenmacherbetriebs.

Hinterm Ladentisch hat Elfriede stets einen lockeren Spruch auf den Lippen.

Als Bruder Kurt 1971 stirbt, arbeitet Elfriede in der Werkstatt und führt den Haushalt, die ältere Schwester Hedwig übernimmt den Laden und hat auch bis zu ihrem Tod 1975 die Geschäftsführung inne. Elfriede pflegt ihre hochbetagten Geschwister zu Hause. Ein Leben in Würde, bis zum letzten Augenblick, das ist ihr wichtig. Danach liegt die Verantwortung für das kleine Unternehmen allein in ihren Händen, fachlich kann ihr niemand etwas vormachen. Ihr ganzes Leben lang ist Elfriede stolz, eine Suppe zu sein. Schließlich ist der Name auch in der Branche ein Begriff, steht für handwerkliches Können und Qualität, für Tradition.

Ein Nachfolger lässt sich nicht finden. 1994 schließt der bei den Kunden beliebte Betrieb. Schweren Herzens übergibt die „Bürstenein-zieherin", wie sie sich korrekterweise bezeichnet, das Inventar ihres Betriebes an das Soester Burghofmuseum. Alles verschenkt sie, damit sich nachfolgende Generationen ein Bild machen können: Werkstatt- und Geschäftsmobiliar, einfache Maschinen, Gerätschaften, Werkzeuge, Rohmaterialien, Produkte und vieles mehr.

Ihr umfangreiches Wissen reicht sie an eine Studentin der Universität Münster weiter, die über die Soester Bürstenfabrikation forscht.

„Elfriede Suppe war eine der eindrucksvollsten Frauen, die ich kennenlernen durfte. Sie war für mich nicht nur eine sehr interessante und faszinierende Gewährsfrau, sondern wurde mir auch zu einer lieben Freundin. Sie hat mir das Bürsten- und Beseneinziehen beigebracht, und so haben wir stundenlang gemeinsam arbeitend und erzählend in der Werkstatt zusammengesessen", erinnert sich Dr. Kirsten Ulrike Maaß, die damals ihre Doktorarbeit schrieb.

Das Bundesverdienstkreuz nimmt Elfriede mit großer Freude in Empfang, ist gerührt. Gewürdigt wird sie als Trümmerfrau und für ihren unermüdlichen Einsatz für ein ganz besonderes Handwerk. Im Alter von fast 88 Jahren stirbt Elfriede Suppe. Diejenigen, die sie kannten, sehen sie immer noch hinter ihrem Ladentisch stehen, stets einen flotten Spruch auf den Lippen.

MARTHA KRONENBERG
(1911–2009)
BEISTAND FÜR JÜDISCHE MITBÜRGER

Die Kronenbergs sind engagiert und fester Bestandteil der katholischen Gemeinde Schwelms. Als der Nationalsozialismus in den 1930er-Jahren aufkommt, stellt sich die Familie von Martha dagegen. Das, was geschieht, passt nicht zu ihrem Glauben, der auch Liebe zu den Nächsten und Mitmenschlichkeit voraussetzt.

Johannes Kroonenberghs (1870–1947), ein gebürtiger Niederländer aus der kleinen holländischen Festungsstadt Arcen bei Venlo und ältester Sohn unter zehn Geschwistern, wandert um 1890 nach Deutschland ein, unternehmungslustig wie er ist. Dort lernt er seine spätere Frau Auguste kennen (geb. Aust aus Oelkinghausen). Deren Eltern gefällt eine Verbindung ihrer Tochter zum wenig bemittelten holländischen Immigranten nicht. Aber die beiden jungen Leute sind entschlossen, bleiben bei ihrer Entscheidung. Das Paar macht sich mit eigener Bäckerei in Schwelm selbstständig. Schließlich hat das Handwerk Tradition in der Familie von Johannes. Neun Kinder werden den beiden geschenkt. Martha ist die Zweitjüngste in der Runde und die jüngste Tochter. Von Kindesbeinen an muss sie im Familienbetrieb Brot austragen und im Laden verkaufen, wie sich das gehört. Doch sie darf auch das Lyzeum besuchen, dem sich ein Pensionatsjahr bei den katholischen Ursulinen in Mayen anschließt. Die 17-Jährige beendet die Haushaltungsschule der Ordensschwestern mit Bestnoten in den Fächern Kochen, Waschen und Plätten sowie Nadelarbeit. 1929 kehrt sie nach Hause zurück, der Vater vertraut ihr eine Filiale der Bäckerei an. Morgens Semmeln und Brote auszufahren gehört auch zu ihrem Job, erst mit dem Fahrrad, dann mit dem Pferdewagen und schließlich mit dem Automobil.

Die Kronenbergs haben christliche Werte. Auf seine niederländische Staatsbürgerschaft besteht der Vater sein ganzes Leben lang, nur den Nachnamen muss er unter nationalsozialistischem Druck und Amtsgewalt eindeutschen. Der öffentliche Charakter des Hauses in der Schwelmer Potthoffstraße mit seiner angeschlossenen Großbäckerei bietet optimale Möglichkeiten. Hier entsteht ein „Schnittpunkt im Netzwerk des katholischen Widerstands der Stadt". Reger Kunden- und Lieferverkehr gibt eine gute Tarnung her, aufpassen muss man

Martha setzt sich für bedrängte, entrechtete jüdische Mitbürger ein (Foto von 1938).

dennoch. In späteren Zeiten bescheinigt man sämtlichen Familienmitgliedern ihren Widerstand gegen die NS-Herrschaft.

Martha folgt dem Vorbild der Eltern und setzt sich in erster Linie für bedrängte, entrechtete jüdische Mitbürger in Schwelm und im benachbarten Wuppertal ein. Das führt dazu, dass man sie Ende 1938 denunziert. Vor Gericht steht als Vorwurf die Anklage, sie habe einer Bekannten empfohlen, sich bei einem jüdischen Arzt behandeln zu lassen. Im Verfahren soll sie die beklagte Aussage widerrufen. Das lehnt Martha ab. Die junge Frau bleibt stark. Ab 1939 besucht sie ältere alleinstehende jüdische Damen und unterstützt sie. Sie schmuggelt Lebensmittel und Kohlen, nutzt die nächtliche Dunkelheit und Fliegeralarme, um ihren Schützlingen zu helfen, heftet sich zwecks Tarnung sogar einen Judenstern an die Brust. Der Kreis der Hilfsbedürftigen wird immer größer. Standhaft begleitet Martha sogar von ihr betreute Frauen zum Bahnhof, von wo aus die Deportation ins Konzentrationslager startet.

1941 lernen sich Martha und Erna Cohn (geb. Marcus, 1908–2000) kennen. Bald verbindet beide eine intensive Freundschaft. Häufig treffen sie sich auch in deren Wohnung und Elternhaus, das zum einzigen „Judenhaus" Schwelms wird (heutige Bahnhofstraße 37). Martha nutzt den Hintereingang regelmäßig, bis die Freundin 1943 aus Schwelm deportiert wird. Selbst im Konzentrationslager gelingt Martha Beistand. Ihre Pakete mit Lebensmitteln gehen über eine Scheinadresse

Weihnachten 1941 in der Backstube. Martha steht auf einer Holzkiste, um ausreichend zur Geltung zu kommen, rechts Vater Johannes.

ins Lager Theresienstadt. Ein ganzes Jahr lang klappt das. Dann wird Erna ins Vernichtungslager Auschwitz gebracht. Sie überlebt es und emigriert 1946 in die USA.

Den Behörden bleibt das Tun der Kronenbergs nicht verborgen. Die Gestapo beobachtet intensiv, durchsucht wiederholt das Haus in der heutigen Potthoffstraße 10. Im Keller steht längst eine zusätzliche Mauer, hinter der Wertsachen versteckt sind; auch im Garten sind diese vergraben. Nichts wird gefunden. Außerdem ist die stadtbekannte, respektierte Bäckersfamilie fest in die katholische Gemeinde eingebunden, das hilft. Auch als alle Kronenbergs auf einer „schwarze Liste" der Schwelmer NS-Behörden auftauchen. Darauf sind diejenigen

vermerkt, die beim Zusammenbruch des Systems als gefährliche Zeugen sofort liquidiert werden sollen. Das katholische Netzwerk um Polizeichef Otto Happ wird aktiv, völlig ungeklärt verbrennt die namentliche Zusammenstellung kurze Zeit darauf in den Amtsräumen.

Nach dem Zweiten Weltkrieg lässt Martha die versteckte Habe der Deportierten den rechtmäßigen Besitzern zukommen, meist den Nachfahren der Ermordeten. Sie sorgt sich ehrenamtlich um die Wiederherstellung des geschändeten, zerstörten jüdischen Friedhofs in Schwelm. Es dauert Jahrzehnte, ehe der Einsatz von Martha öffentlich bekannt wird. 1975 fährt sie auf Einladung von Einst-Schwelmern in die Staaten, die lassen später in dankbarer Erinnerung zwei Bäume für Martha in Israel pflanzen und ihren Namen in ein zeitloses Ehrenbuch eintragen. Martha trifft in Amerika ihre Freundin Erna wieder, und die dortige Zeitung „Richmond News Leader" veröffentlicht erstmals Erinnerungen der beiden an die NS-Zeit. 1980 bezieht sich der Schwelmer Verein für Heimatkunde in einem Artikel auf das Wirken von Martha Kronenberg, später wird das durch ein umfangreiches Radio-Interview vervollständigt. Seit 2009 schmückt ein Porträt mit Erläuterungstafel das Rathaus der Stadt, auf Initiative der Einheimischen Saraswati Albano-Müller. Es hängt neben dem Eingang zum großen Sitzungssaal. Am 6. Dezember desselben Jahres

Martha im Laden der elterlichen Bäckerei (um 1940).

stirbt Martha Kronenberg in ihrer Geburtsstadt. Im September 2018 beschließt die Stadt Schwelm, einer geplanten Straße den Namen von Martha Kronenberg zu verleihen, einer Frau voller Courage und Willenskraft.

HILDEGARD FIEDLER
(1919–2011)

„SPITZE FEDER, SPITZE ZUNGE"

Am 26. Juni 1981 berichtet die örtliche Presse, dass die Kulturausschussvorsitzende – und spätere Bürgermeisterin von Siegen – Hilde Fiedler mit dem Bundesverdienstkreuz (Verdienstkreuz am Bande des Verdienstordens der Bundesrepublik Deutschland) ausgezeichnet wird.

Oberkreisdirektor Karlheinz Forster nimmt die Ehrung in Siegen vor und betont, dass es zu den außergewöhnlichen Ereignissen gehören würde, wenn mit dieser Auszeichnung beispielhafte Leistungen weiblicher Ratsmitglieder gewürdigt werden. Kommunalpolitik gelte immer noch als Männersache, so gibt man ihn wieder. „Gerade die geringe Teilnahme der Frauen in der Politik könne zu schwerwiegenden Defiziten in der Gesamtbilanz der Arbeit führen", schreibt die Siegener Zeitung. „Ein großes politisches Potenzial" werde hier nur wenig oder gar nicht genutzt. Zu jenem Zeitpunkt hat sich Hilde Fiedler schon 20 Jahre lang im Rat der Stadt Siegen engagiert, in zahlreichen Ausschüssen wertvolle Arbeit geleistet. Vor allem als Verantwortliche im Kultur-

und im Sozialausschuss hat sie Spuren hinterlassen und zur guten Entwicklung der Stadt beigetragen. Ihre Tatkraft wird immer wieder gelobt, die vielgepriesene „Bürgernähe" ist bei ihr kein unverbindliches Schlagwort. Sie setzt sich für ein besseres Angebot an Bildungsmöglichkeiten ein, immer unter sozialen Aspekten. Kunst und Kultur sind ihr Herzensangelegenheit. In seiner Laudatio hofft der Oberkreisdirektor, Hilde Fiedlers erfolgreiches Wirken möge anderen Frauen Mut geben, sich ebenfalls in ihren Kommunen politisch zu

Hilde Fiedler mit prächtiger Bürgermeisterkette.

engagieren „… um der schweigenden Mehrheit in unserem Lande, den Frauen, Stimme und Sprache zu geben", wie der Zeitungsbeitrag an jenem Freitag schließt.

Gerade ist der Erste Weltkrieg zu Ende gegangen, da kommt Hildegard auf die Welt. Sie wird am 3. November 1919 in Düsseldorf geboren. Ihrem Realschulabschluss folgt eine kaufmännische Lehre. Die Zeiten sind hart. Sie erlebt die Inflation, die Machtübernahme durch die Nationalsozialisten und den Beginn des Zweiten Weltkriegs. Nachdem die Familie 1943 ausgebombt ist, wird sie nach Thüringen evakuiert, aber auch dort ist die Situation nicht viel besser. Mit einem Flüchtlingstreck kommt sie eher zufällig nach Siegen und landet im Durchgangslager Wellersberg-Kaserne. Zum Glück gibt es Verwandte in der Nähe, die Unterkunft gewähren.

Kaufmännische Tätigkeiten folgen, Hildegard übersetzt auch im Büro der belgischen Garnison. Die Völkerverständigung zwischen Deutschen und Belgiern ist ihr wichtig und so engagiert sie sich im „Belgischen Club". Im Jahr 1958 wird Hildegard bei der Knappschaft angestellt und findet zeitgleich ihren politischen Weg, der in ihrer sozialdemokratisch geprägten Familie vorgezeichnet ist. Schließlich ist Bruder Willy Könen sogar von 1953 bis 1969 SPD-Bundestagsabgeordneter. Seine Schwester tritt am 1. April 1958 in die SPD ein, wo sie vier Jahre später die Arbeitsgemeinschaft sozialdemokratischer Frauen (AsF) mitbegründet. Schon ab 1961 ist sie Mitglied des Rates der Stadt Siegen und bleibt es bis 1994.

Ihr Engagement reicht weit. Zehn Jahre lang, von 1964 bis 1974, betätigt sie sich als ehrenamtliche Richterin am Verwaltungsgericht Arnsberg. Der Kultur fühlt sie sich besonders verbunden, was sie auch von 1969 bis 1984 als Mitglied des Vorstandes des damaligen Fördervereins Siegerland Theater beweist. Und dass sie in keiner Situation auf den Mund gefallen ist, zeigt sie im Kabarett-Duo „Spitze Feder, spitze Zunge", das sie 1981 gemeinsam mit Redakteurin Maria Anspach gründet. Äußerst erfolgreich betätigen sich die beiden Kritikerinnen in der Öffentlichkeit. In Siegen soll aber noch mehr Kultur her. Also wirkt Hildegard Fiedler 1982 als Mitbegründerin des Jazz-Clubs Oase. Ihre Soloauftritte mit Rezitationen aus der Weltliteratur sorgen ab 1983 für ein beeindrucktes Publikum. Die Wähler schenken ihr von 1983 bis 1987 als 2. stellvertretende Bürgermeisterin der Stadt Siegen das Vertrauen. Aus dem Kabarett-Duo wird 1987 ein Trio. „Hexenbesen" nennen sich die drei, nun verstärkt durch Emmi Blume-Härter.

Wer kennt Hildegard Fiedler nicht in der Region? Ihr Einsatz ist sprichwörtlich. Und so schließt sich wohlverdient vom 18. Oktober 1989 bis 1994 das Amt als Bürgermeisterin der Stadt Siegen an. In dieser Position ist sie zugleich Vorsitzende des Kuratoriums der damaligen Universität-Gesamthochschule Siegen (heute Universität Siegen), stellvertretende Vorsitzende des bereits erwähnten Fördervereins Siegerland Theater (eine wichtige Etappe auf dem langen, rund 50 Jahre währenden Weg zum heutigen – 2007 eröffneten – Apollo-Theater Siegen) und Mitglied des Beirats für das Siegerlandmuseum.

Die aktive Politik ist vorüber, aber der stete Einsatz für Kunst und Kultur im Raum Siegen bleibt. Als Hildegard Fiedler im Januar 2011 im Alter von 91 Jahren verstirbt, ist sie vielfach geehrt für ihr reiches Schaffen als Kommunalpolitikerin und darüber hinaus. Z. B. mit dem Ehrensiegel der Stadt Siegen, dem Verdienstkreuz 1. Klasse des Verdienstordens der Bundesrepublik und dem Diesterweg-Ehrenring der Universität Siegen, deren Ehrenmitglied sie ist. Hat sie sich doch einst um die Wohnungsnot von Studenten gekümmert und die Hochschule maßgeblich bei vielen baulichen Vorhaben unterstützt. Und die Familie? Sohn Wolfgang Könen ist in die Fußstapfen seiner Mutter getreten, als Stadtverordneter in Siegen. Eine Ehrung hat für seine Mutter „eine ganz besondere Bedeutung gehabt", erinnert er sich: Als sie nämlich 1995 den Verdienstorden des Landes Nordrhein-Westfalen verliehen bekam, aus den Händen von Ministerpräsident Johannes Rau.

RIA BARAN
(1922–1986)

GROSSE LIEBE
EISKUNSTLAUF

Tänzerin will Ria Baran werden, unbedingt.
Aber das verbieten die Eltern ihrer Tochter, die
1922 in Dortmund geboren wird. Ihren Drang
zum Tanz setzt sie beim Rollschuhlauf um,
dagegen haben Vater und Mutter nichts.

Das Mädchen ist schmächtig und ein wenig
nervös, aber sobald es seine Runden dreht, ist
es die Ruhe in Person. Vom Eiskunstlauf hält
Ria zunächst nichts: einfach zu kalt. Die Ini-
tialzündung kommt, als sie 14-jährig Karl
Martin Alois Schäfer sieht. Für sie ein Idol und
ein „Paganini auf dem Eis". Der österreichi-
sche Eiskunstläufer startet im Einzellauf, ist
1932 und 1936 Olympiasieger, von 1930 bis
1936 Weltmeister und von 1929 bis 1936
Europameister. Aufs Eis will Ria nun unbedingt, trainiert und läuft auch zunächst solo.
Bis sie 15-jährig auf den ein Jahr älteren Paul
Falk (1921–2017) trifft. Das geborene Paar für
diesen Sport. Beruflich geht es in relativ klas-
sische Richtungen. Sie wird Sekretärin, er
Feinmechaniker.

Die beiden starten für die Düsseldorfer EG.
Es braucht für die zwei weder einen Trainer
noch einen Choreografen, schon gar keine

Sponsoren. Sie stemmen alles allein, mit har-
tem Einsatz und dem Hang zur absoluten
Perfektion. Dazu gehört auch, dass man stets
in tadellosem Dress auf die Bahn kommt. Sie
erfinden die Lasso-Hebung, zeigen als erstes
Paar parallele Doppelsprünge in ihrer Kür.
Während der Karriere heiratet Ria ihren Paul
und wird Frau Falk. Sie verlieren nicht einen
Wettbewerb. Deutsche Meister sind sie schon
1947, verteidigen den Titel bis 1952. Zeitweilig ist Deutschland nach dem Zweiten
Weltkrieg von internationalen Wettbewer-
ben ausgeschlossen, erst ab 1951 geht es für
das Eiskunstlaufpaar auf dieser Ebene voran.
Klare Siege sind angesagt: 1951 Europameister in Zürich, Weltmeister in Mailand. Ein

Gegen Rollschuhlauf haben die Eltern von Ria nichts ...

RIA BARAN

Jahr darauf verteidigen sie beide Titel bei der Europameisterschaft in Wien und der Weltmeisterschaft in Paris. Zu den Olympischen Spielen 1952 in Oslo ist eine Goldmedaille verdienter Lohn.

In früheren Zeiten kann Eiskunstlauf nur im Winter stattfinden, Rollkunstlauf dient als Ersatztraining während der restlichen Zeit. Das macht ihn zunächst wenig populär, beschert ihm ein Schattendasein an der Seite der Kunst auf dem Eis. Aber nach und nach entwickelt sich die Disziplin zu einer eigenständigen Sportart. Ria und Paul werden 1951 auch im Rollkunstlauf der Paare Weltmeister. Ihre Überlegenheit schreiben sie ihren Erfahrungen auf den Kufen zu: „Wir laufen Eis auf Rollschuhen." Sie präsentieren kunstvolle Sprünge, Pirouetten, Schrittfolgen. Dabei steht das Paar nicht wie gewöhnlich flach auf den Rollen, sondern läuft auch auf der Kante. Es revolutioniert die Sportart, betont die „nette Note", wagt den großen Schritt vom ernsten Sport zum artistischen mit tollen Effekten fürs Publikum. Nach ihrem zweiten Meisterschaftserfolg sorgen sich die beiden in erster Linie um den Nachwuchs.

Scheinbar schwerelos gleiten Ria und Paul auf dem Eis dahin.

Dreimal in Folge wird Ria von 1950 bis 1952 Sportlerin des Jahres in Deutschland, dabei 1951 mit ihrem Mann als Gesamtsiegerin. Nach ihrem Olympiasieg von 1952 wechseln die Falks zu den Profis, zu Holiday on Ice. Die Eisshow, die rund um die Welt tourt, entspricht ihren Intentionen, auch weil sie klassischen Eiskunstlauf mit modernen Showelementen verbindet.

Ria und Paul sind Symbolfiguren ihrer Zeit, können nicht einmal unerkannt ins Kino gehen. Für ihre Erfolge und ihren Einsatz werden sie mit dem Silbernen Lorbeerblatt geehrt, der höchsten sportlichen Auszeichnung in der BRD. Ria stirbt 1986 in Düsseldorf. In ihrer Geburtsstadt Dortmund zeugt eine 2010 nach Ria Baran benannte Straße von ihren sportlichen Verdiensten.

ANNEROSE IBER-SCHADE

(*1923)

„WO EIN WILLE IST, IST AUCH EIN WEG"

31-jährig steht sie an der Spitze eines großen Unternehmens. Zielgerichtet, sachlich und kompetent verschafft sie sich Respekt. Als Geschäftsführerin in einem männerdominierten Berufszweig: Dr. Annerose Iber-Schade.

Es ist der rechte Ort, muss Großvater Wilhelm Schade gedacht haben, als er sich in Plettenberg niederlässt. Das schlichte Gebäude an der Schwarzenbergstraße schmiegt sich an den steilen Berghang und wird das Zuhause der Familie. 1886 gründet der Großvater ein

Stück entfernt, an der Bahnhofstraße, seine Fabrik. Hut- und Mantelhaken werden zunächst gefertigt, dann Treppenschienen, Treppenläuferstangen und Federringe. Die Söhne Friedrich Wilhelm und Karl treten nach dem Ersten Weltkrieg in die Metallwarenfabrik ein. Bald wird sie um Drahtzieherei und Kaltwalzwerk erweitert. Die Wirtschaftslage gibt es her, eine Automobilindustrie blüht auf. In den 1930er-Jahren kommt das spätere Hauptwerk in der Königstraße hinzu. Das erlebt der Großvater nicht mehr. Er stirbt 1927, und in diesem Jahr zieht Sohn Friedrich Wilhelm mit seiner Frau Anna sowie den Kindern Wilhelm und der vierjährigen Anna Rosel Elisabeth ins Elternhaus ein.

In den Zeiten des Nationalsozialismus passt man sich an, wie Millionen Deutsche es tun. Doch daheim wird die Haltung kritischer und auch Annerose, wie man sie nennt, verliert ihren anfänglichen Idealismus. Zu hart sprechen Fakten dagegen. Das Abitur legt sie am Altenaer Lyzeum ab. 1941 ist Reichsarbeitsdienst angesagt, sie muss Hilfsdienste bei

Dr. Annerose Iber-Schade 1982 als Mitglied der Monopolkommission ...

... und ein paar Jahre zuvor vor dem Firmengebäude in Plettenberg.

ANNEROSE IBER-SCHADE

51

Familien und auf Bauernhöfen leisten. Im elterlichen Unternehmen ist man schon längst gezwungen, für die Rüstungsindustrie zu produzieren. Für die junge Frau folgt 1942 eine Arbeitsverpflichtung im Betrieb. Sie lernt fürs Leben.

Aber sie will mehr, darf endlich ein Studium beginnen. München lockt. Ein Start – entsprechend ihren mathematischen Neigungen – mit einem Wirtschaftsingenieursstudium an der dortigen Technischen Hochschule. Auf München folgt Berlin. Nur noch eine weitere Kommilitonin belegt den Wirtschaftsingenieurszweig. Der Zweite Weltkrieg nähert sich währenddessen seinem Ende. Laufend Sirenengeheul und Aufenthalte im Luftschutzbunker.

An einem dieser Tage werden Hochschule und Studienheim komplett zerstört. Irgendwie gelingt es Annerose, den einzigen noch funktionsfähigen Bahnhof zu erreichen und sich in einen letzten Zug zu zwängen. In Göttingen darf die Studentin ein Semester Jura belegen, aber dann ist auch das kriegsbedingt beendet. Im Mai 1945 besetzt eine amerikanische Einheit Plettenberg, wo sich Annerose inzwischen aufhält. Der Krieg ist vorüber und nun?

Weiterstudieren. Aber es ist nicht einfach, vor allem nicht als Frau. Annerose muss warten. Wenigstens darf sie als Gasthörerin dabei sein. Schließlich klappt es mit einem Volkswirtschaftsstudium, das sie in Bonn fortsetzt. Nach einem Jahr ist aus der ehrgeizigen Studentin

Unter Männern in der Monopolkommission 1986.

52

Unternehmerrunde an einem Tisch: 1980.

eine Diplom-Volkswirtin geworden. „Inflation und Deflation" heißt das Thema ihrer anschließenden Doktorarbeit, mit „summa cum laude" beendet sie im Mai 1950 ihre Ausbildung. Da fehlt ihr nur noch eines: eine eigene Familie. Norbert Iber aus dem Münsterland lernt sie schon während ihres Studiums in Bonn kennen und lieben. Die beiden heiraten 1951. Der Schwiegersohn passt perfekt ins Unternehmen und übernimmt die technische Leitung. 1952 stellt sich die erste Tochter ein, eine zweite folgt zwei Jahre später und ein Sohn vervollständigt das Familienglück 1958.

Annerose beginnt als Assistentin des Verkaufsprokuristen und bekommt zwei Jahre später schon Prokura. 1954 erliegt der Vater einem Lungenleiden. In der Firma müssen Entscheidungen gefällt werden. Schon in den Gründungszeiten besitzt das Unternehmen Eduard Hueck KG aus Lüdenscheid Anteile und ist inzwischen Mehrheitseigentümer geworden. Die Anteilseigner entscheiden eindeutig: Sie berufen Annerose Schade zur Geschäftsführerin.

Die Firma passt sich den Neuerungen auf dem Markt flexibel an. Finanzen, Vertrieb, Marketing und Personalfragen – das sind die Bereiche von Annerose als kaufmännische Geschäftsführerin. Sie reist zu sämtlichen großen Autoherstellern in Deutschland, ins europäische Ausland, auch in die Staaten. Soziale Belange des Unternehmens machen einen weiteren Schwerpunkt aus. „Gastarbeiter" kommen nach Deutschland: Griechen, Italiener, Spanier, Türken werden gebraucht. Werkswohnungen entstehen. Im Gastarbeiterwohnheim gibt es spanische Gerichte. Gleitende Arbeitszeit, Betriebsrente für Mitarbeiter, die 25 Jahre im Werke dabei sind – das Unternehmen ist Vorreiter in Plettenberg. Frauen erhalten gleichen Lohn für gleiche Arbeit. Mitarbeiterzufriedenheit, damals schon praktiziert.

Aus gesundheitlichen Gründen muss Norbert Iber 1984 seine Tätigkeit beenden. Annerose steigt ebenfalls aus dem operativen Geschäft aus, bleibt aber als persönlich haftende Gesellschafterin verbunden. Anfang der 1950er-Jahre ist die Firma zeitweilig der größte Arbeitgeber in Plettenberg. Mitte der 1960er-Jahre zählt man schon 1600 Beschäftigte und in den frühen 1980er-Jahren mehr als 2500 Mitarbeiter. Die Produkte genießen in der weltweiten Automobilindustrie einen ausgezeichneten Ruf. Als familienfremde Manager einsteigen, entwickelt sich alles in eine negative Richtung. Nur mit großer Kraftanstrengung gelingt eine

Sanierung, in die Annerose Iber-Schade intensiv eingreift. 1998 läuft alles wieder, sodass ein Verkauf an die global agierende Firma Dura Automotive Systems vollzogen werden kann, die das Unternehmen bis 2019 weiterführt.

Mit 75 Jahren ist für Annerose Iber-Schade endgültig Schluss mit dem aktiven Berufsleben. Aber schon vorher, als sie die operative Tätigkeit beendet, widmet sie sich weiteren Feldern. Norbert und Annerose sind dem Leben dankbar und gründen 2001 eine Stiftung, die Projekte mit kranken, behinderten oder sozial benachteiligten Kindern fördert und Forschungen in dieser Richtung unterstützt. Die engagierte Unternehmerin beherzigt ihr Leben lang einen Wahlspruch: „Wer nicht gegen den Strom schwimmt, gelangt nie an die Quellen." Geradlinigkeit, Selbstdisziplin machen sie aus und die Einstellung: „Wo ein Wille ist, ist auch ein Weg."

VIELFÄLTIGE EHRENÄMTER

Bereits 1955 tritt sie als Mitglied Nummer 86 der Vereinigung der Unternehmerinnen bei und übernimmt 1979 für zehn Jahre den Vorsitz. „Wir äußerten uns …, wenn es um das besondere Interesse der Unternehmerin, der Frau in der Wirtschaft, ging", betont sie. Ihnen fehlt schlicht die Lobby in wirtschaftspolitischen Gremien. Annerose Iber-Schade engagiert sich vielfältig, so am

Landessozialgericht in Essen und am Bundessozialgericht in Kassel - als ehrenamtliche Richterin. 1974 wird von der Bundesregierung eine Monopolkommission eingerichtet, sie gehört als erste Frau dem unabhängigen Sachverständigenrat für Fragen der Wettbewerbspolitik und wirtschaftlichen Regulierung an. Das Bundesverdienstkreuz 1. Klasse der Bundesrepublik Deutschland folgt als Anerkennung.

TANA SCHANZARA

(1925–2008)

GROSSARTIG IN TRAGÖDIE UND KOMÖDIE

Eine beeindruckende Schauspielerin, die selbst den allerkleinsten Rollen ihren Stempel aufdrückt. Tana Schanzara tritt in die Fußstapfen ihrer Opernarien singenden Eltern und reiht Engagement an Engagement. Sie ist ein Markenzeichen des Ruhrgebiets.

„Jeden Morgen dasselbe Theater" heißt Tanas Biografie.

Wenn man als Kind von zwei Opernsängern auf die Welt kommt, dann ist die Berufsauswahl relativ übersichtlich. In Kiel wird Tana, die eigentlich Konstanze heißt, 1925 geboren. Gertrud und Hans sind Opernsänger. Aus dem Nachnamen Schwanzara lässt der Vater das W streichen, weil er es leid ist, immer „Schwänzchen" genannt zu werden. Tana hat später mit Konstanze nicht viel am Hut und das W lässt sie ebenfalls weg. Ein Engagement verschlägt die Eltern ans Dortmunder Opernhaus. Und genau in diesem wunderbaren, prägenden Umfeld wird das Mädchen groß. Dem Abitur folgt selbstverständlich Schauspielunterricht, den Tana in Köln bei Friedl Münzer nimmt. Stationen sind dann die Kammerspiele in Bonn und Theater in Köln, Mannheim, Oldenburg und Gelsenkirchen.

Am intensivsten ist sie dem Schauspielhaus Bochum verbunden, seit 1956 gehört sie fest zum Ensemble und arbeitet mit fast allen Intendanten zusammen. 1957 ist es „Die Dreigroschenoper" von Bertolt Brecht, Tana übernimmt die Rolle einer Hure; 1969 wird „Romeo und Julia" von Shakespeare gegeben, Tana ist Julias Amme. 2002 dann „Harold & Maude" von Colin Higgins, Tana überzeugt als Maude … 50 Jahre Bühnenpräsenz (bis 2006) bringen ihr den Titel als „Dienstälteste Schauspielerin" des Ensembles ein. Anfangs sind es vorrangig komische Nebenrollen, auf die sie zumeist in Filmen festgelegt wird. Erst in den 1980er- und 1990er-Jahren zeigt sie auch ihre andere Seite in Hauptrollen und vor allem in tragischen Stücken. Mit einer großen Gala feiert man im Dezember 2005 ihren 80. Geburtstag in den Bochumer Kammerspielen.

Gesungen hat sie auch. Urkomisch und ein wenig sarkastisch Anfang der 1970er-Jahre ihr Lied „Vatter, aufsteh'n!". Es macht sie den Radiohörern im ganzen Lande bekannt, mit der Geschichte der Ehefrau und Mutter, die den Gatten morgens nicht aus den Federn kriegt. Sonst kommt er doch wieder zur

Auch als Denkmal bleibt Tana Schanzara Bochum erhalten.

„Maloche" zu spät. Es würde gleich was passieren, meint sie, dann fällt ein Schuss und das Lied endet mit den Schlussworten: „So Vatter, getz kannsse liegen bleiben …". Sie nimmt auch eine Langspielplatte auf und setzt in den 1980er-Jahren die Single „Doch zum Glück gibts sowat nur in Dallas" nach. Zahlreiche Filme hat sie mit ihrer ganz besonderen Ausstrahlung geprägt. 1973 ist sie in dem gesellschaftskritischen Film „Smog" dabei (Regie: Wolfgang Petersen). Mitte der 1990er-Jahre arbeitet sie mehrfach für Fernsehfilme mit Hape Kerkeling zusammen. 1996 ist sie in dem Streifen „Männerpension" zu sehen (Regie: Detlev Buck). Gern wirkt sie auch in diversen Krimis mit. In US-amerikanischen Filmen tritt Tana ebenfalls auf.

Ihr Herz hängt aber an Bochum, sie ist dort populär und beliebt. Präsentiert sich bei Feiern oder Veranstaltungen, mimt 1988 die typische Kiosk-Besitzerin aus Bochum beim ZDF-Städteturnier, gestaltet Jubiläen der Disco Zeche Bochum 1989 und des Opel-Werkes 2002 mit. 1997 bringt sie ein Buch heraus, in dem sie von ihrem ungewöhnlichen Leben erzählt, mit dem Titel: „Jeden Morgen dasselbe Theater".

Ein schwerer Sturz im Jahr 2001 und eine anschließende Hüftoperation hindern Tana nicht an ihren Auftritten, nun spielt sie eben ihre Rollen teilweise im Sitzen! Ein Altenheim in Herne wird ihre letzte Adresse. Genau an ihrem 83. Geburtstag stirbt sie in einer Bochumer Klinik und wird im Familiengrab auf dem Krefelder Hauptfriedhof beigesetzt.

Über etliche Auszeichnungen darf Tana Schanzara sich zu Lebzeiten freuen. 1989 gibt es den Ehrenring der Stadt Bochum, 1994 den Verdienstorden des Landes Nordrhein-Westfalen, 1999 den Ehrenpreis Tegtmeiers Erben der Stadt Herne, 2008 das Verdienstkreuz 1. Klasse des Verdienstordens der Bundesrepublik … Am 15. Juli 2010 wird ihr zu Ehren gegenüber dem Schauspielhaus in Bochum der bisherige Westfalenplatz in Tana-Schanzara-Platz umbenannt. Zwei Jahre später folgt ein Denkmal zunächst auf dem Vorplatz des Schauspielhauses, inzwischen gegenüber der Kulturstätte.

JOHANNA EICHMANN
(*1926)

„DU NIX JUDE, DU BLOND, DU DEUTSCH"

„Ja, fragt uns, denn auch wir sind die Letzten: die ‚Mischlinge' mit einem jüdischen Elternteil: einem jüdischen Vater oder einer jüdischen Mutter; wir ‚Halbjuden', wir als ‚Mischlinge' und ‚Bastarde' titulierten und ausgegrenzten Töchter und Söhne aus ‚Mischehen'", fordert die engagierte Johanna Eichmann, Ehrenbürgerin von Dorsten.

„… unser Schicksal galt in der nichtjüdischen wie auch in der jüdischen Gesellschaft als zweitrangig, so wie wir selber belehrt wurden, nicht dazuzugehören: in der Nazizeit nicht zu den ‚Deutschstämmigen', den ‚Ariern', denn wir waren ja nur ‚Halbarier', deren Blut verseucht war; und später, falls wir getauft waren, gehörten wir auch nicht mehr zur jüdischen Schicksalsgemeinschaft, deren Los wir jedoch – ohne Rücksicht auf unsere Taufe – als ‚Halbjuden' ganz oder teilweise teilten." So beginnt Johanna Eichmann den ersten Teil ihres Lebensberichtes aus dem Jahr 2010, dem ein zweiter folgt.

In Hüls (heute Marl) lernen sich ihre Eltern kennen. Paul Eichmann, dessen Familie aus Ostpreußen stammt, arbeitet als Angestellter im jüdischen Möbelgeschäft Boldes. Martha verliebt sich in den jungen blonden Mann, ahnt nichts von seinem katholischen Glauben, den er nicht praktiziert. Schwer tut sich die Familie,

Johanna im Jahr 2007.

Paul Eichmann. Schreckensmeldungen häufen sich. Das Kind soll sie nicht hören und hört sie doch. Wie Onkel Paul, der Bruder der Mutter, in einer Gruppe mit einem Schild um den Hals auf den Marktplatz getrieben wird: „Ich bin der dreckige Jud Rosenthal."

Daheim versucht man Ruhe zu bewahren. Sie liebt es, wenn der Großvater „Die Bürgschaft" von Friedrich Schiller rezitiert, noch mehr aber seine Gruselgeschichten unter dem Motto „Als ich das erste Mal lebte!". Von Bösewichten gefangen genommen, in einen Sarg gesteckt und auf ein Gleis gestellt, wird er in allerletzter Sekunde gerettet. Spannung pur für die Kleine. Im späteren Sommer 1943 gibt es für den alten Mann keinen Ausweg mehr, da fährt er im plombierten Güterwaggon ans Ziel: Gaskammer Auschwitz.

Als Großmutter Lina sterbenskrank wird, will sie unbedingt, dass Ruth getauft wird. Seit Ostern 1932 besucht das Kind die katholische Volksschule bei St. Peter, bleibt dort, auch weil Taufe mehr gilt als Rasse. Die Ehe der Eltern wird kirchlich bestätigt, heimlich, später lässt sich die Mutter noch taufen. Lebensrettend für alle, denn 1935 werden die Nürnberger Gesetze erlassen, laut denen es keine „Rassenschande" mehr geben soll. Das Mädchen hört beim Spielen von einem Pensionat in Dorsten. Und der Vater erkundigt sich bei den Ursulinen, ob sich die Oberin traut, ein solches Kind aufzunehmen. Mater Petra Brüning sagt zutiefst überzeugt zu. Ostern 1936 der Start im Pensionat, streng reguliert, aber angstfrei.

aber schließlich kann man nichts gegen die Liebe machen. Als sich Nachwuchs einstellt, erhält das Mädchen den Namen Ruth. Sein Haar wird blond, wie das des Vaters.

Sechs Jahre ist Ruth alt, als 1932 die Großmutter Lina Rosenthal meint, wenn die Nazis ans Ruder kämen, würde es „uns Juden schlecht" gehen. Es braucht nicht lange, bis auch die Kleine das begreift, die „als jüdisches Kind in einer jüdischen Familie geboren" wird, im Nordviertel von Recklinghausen, am Börsterweg. Einzige Ausnahme der katholische Vater

Die Klosterschulen sind jedoch längst ins Visier der Nationalsozialisten geraten. Klöster werden geschlossen, Ordensleute vertrieben. Pogromnacht 1938. Brennende Synagogen. Übergriffe. Repressalien. Deportationslisten. Am 1. September 1939 lautet die Kriegsmeldung im Radio: „Seit 5.45 Uhr wird zurückgeschossen!" ... Theresienstadt, Ravensbrück, Dachau, ab Januar 1942 Riga als Zielort der Transporte, später als „ Auschwitz der westfälischen Juden" bezeichnet. „Halbjuden" werden zunehmend „Volljuden" gleichgestellt. Im Spätherbst 1942 wird Ruth der Schule verwiesen. In Essen gelangt sie an eine

kommerzielle Sprachenschule, an der man nicht nach dem Arierausweis fragt. Sie wird Dolmetscherin für Französisch.

Kurz vor dem Examen reist Ruth mit einer Kurskollegin nach Berlin, dort will sich die Freundin bewerben. Deren Bekannte helfen auch ihr, und sie landet bei der Kontaktstelle der Pétain-Regierung, beim „Commissariat Général pour les Travailleurs Francais en Allemagne", dem Nachfolger für die aufgelöste Französische Botschaft. Aber auch hier werden „Halbjuden" nicht lange geduldet. Ruths Mutter wird am 19. September 1944 verhaftet. Am 2. Mai 1945 erlebt Ruth in einem Berliner Bunker die Befreiung durch die Sowjetarmee. Auf den zerbombten Straßen wird sie von einem Soldaten angehalten, der wissen will, warum sie nicht arbeitet. Aber sie hat eine überlebenswichtige Formulierung auf Russisch gelernt: „Ja Hewreka!" (Ich bin Jüdin!) Der lacht nur und sagt auf Deutsch: „Du nix Jude, du blond, du deutsch!" Bin ich schon wieder auf der falschen Seite?, denkt sie erschüttert.

Eine abenteuerliche Heimreise schließt sich an. Sie trifft ihre Eltern wieder, sogar ihre Mutter hat es aus dem Lager geschafft. Der Vater ist von den Amerikanern als Oberbürgermeister von Marl eingesetzt, nachdem sie ihn für gut befunden haben. Ruth holt ihr Abitur nach. Auf ihrem Zeugnis steht: „Ruth Eichmann will Journalistin werden." Sie startet im Wintersemester 1946/47 an der Universität Münster mit dem Fach Publizistik, wechselt zur Literaturwissenschaft. Zwischenzeitlich das Stipendium für ein Studienjahr in Toulouse: „ Année scolaire".

JOHANNA EICHMANN

Aber Ruth ist nicht angekommen. Sie glaubt, nun lange genug gewartet zu haben, und bittet um Aufnahme ins Dorstener Ursulinenkloster. Als Probezeit startet sie mit dem Postulat. Für die junge Frau beginnt das, wonach sie sich schon immer gesehnt hat. Es fällt ihr nicht leicht, auf ihren jüdischen Namen zu verzichten, aber mit dem Tag der Einkleidung und Aufnahme in die Kommunität kehrt sie am 1. November 1952 als Nonne an den Altar zurück und heißt fortan Johanna. Als Lehrerin arbeitet sie am St.-Ursula-Gymnasium Dorsten von 1952 bis 1991, wird dort erst 38-jährig Schulleiterin von 1964 bis 1991, was ihr aufgrund ihrer Reformfreudigkeit Lob und Tadel einbringt. „Die rote Johanna" nennt man sie, weil sie weg will von der autoritär geführten Schule.

Sie forscht in der Familiengeschichte, besucht Auschwitz und gelangt zur Forschungsgruppe „Dorsten unterm Hakenkreuz". Die schließlich mündet im Jüdischen Museum Westfalen. Eine „Legitimation meiner Identität", wie die starke Frau erklärt. Es wird am 28. Juni 1992 eröffnet. Bis 2006 ist Johanna Leiterin dieses Museums. „Hätte es für mich etwas Besseres geben können? Das ausgegrenzte Kind, die diskriminierte Jugendliche, über der jener stigmatisierende Arierparagraf wie ein Menetekel hing – und nun die umgekehrte Erfahrung: Ich war tauglich eben deswegen!" 2011 wird sie Ehrenbürgerin von Dorsten.

KARIN GAUSELMANN

(*1935)

„ICH HEIRATE EINE FAMILIE"

„Dass es in der Firma läuft", ist Karin Gauselmann wichtig. Dafür sorgt sie von Anbeginn als engste Beraterin ihres Mannes Paul in unternehmerischen Fragen, schließlich ist die Firma für den „Spielemacher" immer gegenwärtig.

In Frohnau, im nördlichen Berlin, kommt Karin Anfang April 1935 zur Welt. Die Eltern sind glücklich, und der große Bruder freut sich auf die Spielgefährtin. Aber harte Zeiten stehen allen bevor. Zwei Jahre nach Kriegsende stirbt der Vater, und die Mutter muss die Familie allein über Wasser halten. Als selbstständige Buchhalterin rackert sie sich ab bis spät in die Nächte. Die Kinder sollen es mal besser haben und dafür ist Bildung wichtig. Energiegeladen und couragiert geht die heranwachsende Karin ihren Weg. Der Oberschule schließt sich eine dreijährige Ausbildung zur Industriekauffrau an. „1956/57 habe ich dann ein Jahr lang als Au-pair in England gearbeitet", erinnert sich Karin Gauselmann und schwärmt

Als Paul Gauselmann 1993 das Bundesverdienstkreuz verliehen wird, ist Karin selbstverständlich an seiner Seite.

von dieser wunderbaren, Welten eröffnenden Zeit. „Ich kann jedem jungen Menschen nur zu so einem längeren Aufenthalt in einem fremden Land raten. Einerseits der Sprache wegen, die man hinterher perfekt beherrscht, andererseits für die eigene Persönlichkeit, die sich enorm entwickeln kann." Es fällt das Stichwort Umgangsformen.

An eine vergebliche Bewerbung bei einer Bank erinnert sie sich noch: „„Nee, Frauen nehmen wir nicht, die heiraten und kriegen Kinder', hat man mir gesagt." Aber Berlinerinnen lassen sich nicht den Mut nehmen. Ihre berufliche Basis öffnet ihr die Tore bei namhaften Firmen wie AEG, später bei Stiftung Warentest. Schwerpunkte ihrer Tätigkeiten sind Messen, Öffentlichkeitsarbeit und Marketing. „Berufsbedingt ging es nach Darmstadt zu Röhm &

Haas. Aber vorher, so dachte ich mir, machst du einfach einen richtig tollen Winterurlaub", erzählt Karin Gauselmann. Ihre Wahl fällt in diesem bedeutenden Jahr 1967 auf Hintertux. Noch jemand verbringt zeitgleich seine Skiferien in Tirol: Paul Gauselmann (Witwer, Vater von drei Söhnen und Unternehmer mit 20 Mitarbeitern). Beide begegnen sich und werden fortan ihr Leben miteinander verbringen, was natürlich keiner ahnt. „Zuerst ein intensiver Augenkontakt, am Abend dann ein Tänzchen. Er gab mir seine Visitenkarte und hat mich gebeten, ihm zu schreiben, denn er musste am nächsten Tag wieder zurück", erinnert sie sich in ihren Jahresbriefen. Es hat zwischen ihnen gefunkt. In den folgenden Monaten überschlagen sich die Ereignisse. Schon für den 1. Dezember desselben Jahres ist die Hochzeit anberaumt; Motto: „Ich heirate eine Familie". Die Geburt des gemeinsamen Kindes Karsten schweißt die Familie 1969 noch enger zusammen. Das Kleeblatt ist mit dem vierten Gauselmann-Sohn komplett. „In dieser Phase forderten die Pflichten als Hausfrau und Mutter meinen ganzen Einsatz", beschreibt Karin Gauselmann. Aber sie kann nicht aus ihrer Haut und bildet sich nebenbei praktischerweise zur Hauswirtschaftsmeisterin aus, um fortan jungen Mädchen in diesem Berufsbild die Grundlage zu vermitteln.

„Hobbys? Jede Menge", lacht Karin Gauselmann und verweist auf ihr großzügiges, reetgedecktes Zuhause mit dem sehr gepflegten Zier- und Nutzgarten. „Natürlich kommen Kartoffeln und Gemüse aus eigener Ernte auf unseren Tisch." Sobald Besuch da ist, verkrümeln sich die beiden Katzen. Bea und Belly sind weiße Britisch Kurzhaar (vielleicht in Erinnerung an den Lebensabschnitt in Sussex) … Abfahrtski war es früher, Langlauf im Anschluss, jetzt gibt es die Gesundheit leider nicht mehr her. Reisen mit ihrem Mann, vor allem Musik und Kultur und das Pflegen von Freundschaften sind nach wie vor angesagt. Zu einem idealen Sonntagvormittag gehören Spiele mit ihrem Mann. „Favoriten sind bei uns beiden Streit-Patience oder Rommé-Cup, das dient zur Entspannung und zugleich als Gehirnjogging." Übrigens wird um Punkte gespielt, nicht um Geld. Ungünstig ist es, wenn ein anderer Termin das Ritual stört.

Karin und Paul Gauselmann im Jahr 2019.

Dokumentiert ist die Familiengeschichte übrigens in Jahresbriefen von Karin Gauselmann, die kontinuierlich aus der Zeit von 1967 bis 2014 datieren. Zum damaligen 80. Geburtstag ihres Mannes hat sie Texte, Fotos und weitere Zeitzeugnisse zusammengestellt und alles in großem Format hochwertig drucken lassen. Schön verpackt drückt sie es ihrem Mann in die Hand, mit der Maßgabe, er solle es dann bei seiner Kur in Bad Kissingen auswickeln … „An ein Buch hat er schon gedacht", lächelt die gebürtige Berlinerin, „aber nicht an ein solches! Er konnte es gar nicht mehr aus der Hand legen, nachdem er es aufgeschlagen hatte …"

Dass die Familie (inzwischen mit neun Enkelkindern und einem Urenkel) funktioniert, ist ihr wichtig. Und „dass es in der Firma läuft". Bis zur Überführung der Gauselmann Gruppe in eine Familienstiftung im Januar 2016 war sie deren Mitinhaberin, gehörte viele Jahre dem Aufsichtsrat an und wirkt natürlich im Stiftungsbeirat mit, der sich um die strategische Ausrichtung des Unternehmens sorgt.

Seit der Gründung im Jahr 1999 ist Karin Gauselmann Vorsitzende des Kuratoriums der Gauselmann Stiftung, die finanziell und ideell maßgeblich zur positiven Entwicklung der Stadt Espelkamp beiträgt. „Außerdem fördere ich Kunst und Kultur auf Schloss Benkhausen", fügt die Ehrenbürgerin von Espelkamp noch hinzu. Das aber wäre schon wieder ein neues Kapitel einer filmreifen unternehmerischen und familiären Erfolgsgeschichte, die mit Musikboxen begann.

AUTOMATENMUSEUM

„Wer in der Zukunft lesen will, muss in der Vergangenheit blättern." (André Malraux) – Das Zitat verdeutlicht Vision und Motivation der Familie Gauselmann, der es nicht um die Präsentation der eigenen Unternehmensgeschichte geht, sondern primär um kulturgeschichtliche Zusammenhänge im Hinblick auf die Automatenindustrie. Mit der amerikanischen Musikbox AMI B aus dem Jahre 1948 beginnt 1985 die Geschichte der Sammlung Gauselmann, mit knapp 600 historischen Automaten öffnet das Museum Gauselmann zehn Jahre später in der Unternehmenszentrale in Espelkamp seine Pforten. Seit Oktober 2013 befindet sich das Deutsche Automatenmuseum auf Schloss Benkhausen, wo etwa 200 Exponate der insgesamt rund 1800 in der Sammlung befindlichen münzbetriebenen Exponate präsentiert werden. Musikautomaten waren eine Leidenschaft des Großvaters von Karin Gauselmann – und so schließt sich auch hier ein Kreis.

ULLA HAHN

(*1945)

LYRIK-BESTSELLER

Zahlreiche Auszeichnungen heben das Schaffen der bedeutenden Autorin Ulla Hahn hervor, darunter das Bundesverdienstkreuz am Bande, der Deutsche Bücherpreis, der Verdienstorden des Landes Nordrhein-Westfalen, die Ehrendoktorwürde der Neuphilologischen Fakultät der Ruprecht-Karls-Universität Heidelberg…

„Herz über Kopf" heißt der erste Gedichtband von Ulla Hahn.

Als Ulla Hahn am 30. April 1945 in Brachthausen (heutiges Kirchhundem im Sauerland) geboren wird, steht das Ende des Zweiten Weltkriegs unmittelbar bevor. Es sind schwere Zeiten, in denen sie mit ihrem Bruder in Monheim am Rhein aufwächst. Zunächst kann sie nur den Realschulabschluss absolvieren, dem sich eine Ausbildung zur Bürokauffrau anschließt. Aber Ulla ist ehrgeizig, holt 1964 ihr Abitur nach und studiert unmittelbar danach Germanistik, Soziologie und Geschichte an der Universität zu Köln. Sie macht 1978 ihren Dr. phil. mit der Dissertation „Die Entwicklungstendenzen in der westdeutschen und sozialistischen Literatur der sechziger Jahre". Ulla arbeitet als Journalistin unter anderem fürs Literaturressort von Radio Bremen. Direkt nach ihrem Studium steigt sie als Lehrbeauftragte an den Universitäten Bremen, Hamburg und Olden-

burg ein. Auch politisch engagiert sie sich: zeitweise als Mitglied in der Deutschen Kommunistischen Partei.

Erste Gedichte erscheinen schon Anfang der 1970er-Jahre. Als die Frankfurter Buchmesse 1981 bevorsteht, setzt sich kein Geringerer als Marcel Reich-Ranicki für ihre Werke ein. „Herz über Kopf", Ullas erster Lyrikband, wird zum Bestseller, erreicht bis 1983 eine Auflage von 18 000 Exemplaren. Das „artistische Furioso im Spiel mit der literarischen Tradition" lobt später die Frankfurter Allgemeine Zeitung. Vergänglichkeit, individuelle Glücksansprüche, Suche nach Liebe in technisierten, emotionslosen Zeiten – Themen, mit denen sie ihr Publikum begeistert. An ihrem zweiten Band „Spielende" darf sie als Stipendiatin der Villa Massimo arbeiten. Es folgen „Freudenfeuer" sowie „Unerhörte Nähe", 1991 ein erster Roman – „Ein Mann im Haus". Dann steht wieder die Lyrik im Mittelpunkt ihres Schaffens. Zwischen dem ersten und dem zweiten Roman liegen zehn Jahre: „Das verborgene Wort" – „Großes erzählerisches Talent" bescheinigt dafür die Neue Zürcher Zeitung. Nach „ Aufbruch" und „Spiel der Zeit" schließt die produktive Schriftstellerin mit „Wir werden erwartet" 2017 ihren auch gesellschaftskritischen Romanzyklus ab, der durchaus autobiografische Züge erkennen lässt. Sie thematisiert in ihren Büchern mangelnde Bildungschancen und die Benachteiligung von Mädchen und Frauen, setzt sich mit dem Thema Gleichberechtigung auseinander. Ihre Bücher erleben weitere Auflagen, was speziell bei Lyrik und in der Gegenwartsliteratur nicht so häufig vorkommt.

Seit 1987 gehört Ulla Hahn der Freien Akademie der Künste Hamburg und dem PEN-Zentrum Deutschland an. Die Stadt Monheim am Rhein vergibt seit 2012 alle zwei Jahre einen nach ihr benannten Ulla-Hahn-Autorenpreis. In ihrem dortigen Elternhaus in der Neustraße 2 wird 2013 das Ulla-Hahn-Haus eröffnet. Es widmet sich der Kinder- und Jugendkultur: Schwerpunkt Sprach- und Leseförderung. Ulla Hahn ist mit dem früheren Bürgermeister von Hamburg, Klaus von Dohnanyi, verheiratet, das Paar lebt in der Hansestadt.

Bühnenpräsenz gehört für eine Autorin dazu.

DEUTSCHE AKADEMIE ROM VILLA MASSIMO

Die Deutsche Akademie Rom Villa Massimo, kurz Villa Massimo (italienisch: Accademia Tedesca Roma Villa Massimo), befindet sich in der Hauptstadt Italiens. Sie ist eine Kultureinrichtung der Bundesrepublik Deutschland und die bedeutendste ihrer Art zur Spitzenförderung deutscher Künstler durch Auslands-Studienaufenthalte. Erbaut hat die Villa Massimo Eduard Arnhold, ein jüdischer Unternehmer. Erste Stipendiaten wurden im Jahr 1913 aufgenommen.

ULLA HAHN

BARBARA SALESCH

(*1950)

„ICH LIEBE DIE ANFÄNGE!"

Von der Lust auf Veränderung zeugt das Leben von Barbara Salesch. Neues wagt die einstige TV-Richterin immer wieder, wovon sie in ihrer 2014 erschienenen Autobiografie berichtet. Ein Buch, das Frauen Mut macht, zu eigenen Visionen zu stehen.

Großen Bekanntheitsgrad erlangt Barbara Salesch als Fernsehrichterin.

Seit 2012 fühlt sie sich in Neuenknick, eine der 29 Ortschaften von Petershagen, wohl. Zuvor hat sie sieben Jahre lang in einem sogar noch kleineren Ort in der Eifel gewohnt. Hätte sie dort auf dem gewünschten Grundstück bauen dürfen, wäre sie geblieben. So surft sie am Sonntag vor ihrer letzten Drehwoche für SAT 1 mal eben durchs Internet und findet auf einem Immobilienportal 30 000 Kaufobjekte in NRW – im Bundesland will sie nämlich bleiben. Also grenzt sie auf Bauernhöfe ein, weil sie Platz braucht. Flugs sind es nur noch 300 an der Zahl. Nummer zehn fällt spontan ins Auge. „Der Rest der Nacht war gelaufen. Sie habe ich im Internet verbracht, um mehr über die Gegend zu erfahren; eine Woche später habe ich den Hof am Küchentisch gekauft", erinnert sie sich. Während alles zunächst zur Baustelle mutiert, nimmt sie einstweilen mit der sechs Quadratmeter großen Milchkammer vorlieb. Allerdings steht sie ohnehin meist in der Küche, um die Handwerker bei Laune zu halten …

„Die Gegend ist hier leicht hügelig, man hat einen wunderbar weiten Blick", schwärmt Barbara Salesch. Natürlich waren auch die großzügigen Gegebenheiten für ihre Ateliers und Werkstätten ausschlaggebend. Gleich beim Hauskauf kommt sie übrigens zu ihren ersten Haustieren: Die Katzen dürfen wohnen bleiben, umgetauft in Katschilie und Süßer; die heißgeliebte Irische Wolfshündin Piri ergänzt inzwischen die Runde. „Letztlich echtes Glück, dass es mit der Eifel nicht geklappt hat, denn hier bin ich wirklich angekommen und wunderbar aufgenommen. Die nächste

Ortsveränderung ist dann das Altersheim oder direkt der Friedhof", sagt sie in ihrer erfrischend direkten Art.

Barbara Salesch erblickt 1950 in Karlsruhe das Licht der Welt. Gemeinsam mit ihrer vier Jahre jüngeren Schwester erlebt sie eine erinnerungsträchtige Kindheit. Die Eltern sind selbstständig in der Baubranche tätig, was auch damals selbst und ständig beinhaltet. „Entweder du lernst, machst Abitur und studierst, was immer du willst, oder du wirst Schweinehirt", bringt es der Vater auf den Punkt. So schließt sich für die junge Frau von 1969 bis 1975 ein Jura- und Sportstudium an den Universitäten Freiburg, Kiel und Hamburg an. Hamburg bleibt sie bis 1999 treu: Referendarzeit, Staatsanwältin, Referentin und spätere Abteilungsleiterin in der Justizbehörde, Richterin sowie Vorsitzende Richterin am Landgericht.

Großen Bekanntheitsgrad beschert ihr die anschließende und bis 2012 währende Tätigkeit als Fernsehrichterin in Köln. Eine Rolle, wie auf den Leib geschrieben, wovon weit mehr als 2300 Sendungen zeugen: zunächst Zivilrechtsstreitigkeiten, dann das von Zuschauern eingeforderte „spannendere" Strafrecht. 2002 folgt als Belohnung der Deutsche Fernsehpreis als beste tägliche Sendung. „Lampenfieber hatte ich bei meinen eigenen Sendungen nie, das war schließlich mein Beruf. Ich habe mich auch nicht verstellt, war so wie immer. Zudem hatte ich die Drehbücher vorher ja alle überarbeitet. Also waren sie nicht nur unterhaltsam, sondern auch juristisch korrekt. Das war allerdings schon ein Spagat." Talkshows dagegen mochte sie nie: „Sie waren für mich als Gast unkalkulierbar und demzufolge schweißtreibend", unterscheidet sie. „Drei Kreuze, wenn ich wieder draußen war."

Bereits ab 1991 widmet sie sich der bildenden Kunst mit Studiengängen bei der Bildhauerin und Plastikerin Mona Schewe in Hamburg. Sie holte sich Fachwissen in Porträt, Akt, Metallverarbeitung, kinetischen Objekten, Bronzeguss an Akademien in Trier, Wolfenbüttel und an der Universität Braunschweig und hat bald in Hamburg nebenberuflich ihr eigenes Atelier. Mit Malerei und Holzschnitt geht es später weiter. Das studiert sie drei Jahre an einer Kunstakademie. Einzel- und Gruppenausstellungen gibt es mit ihren Werken seit 2012 regelmäßig in Deutschland und Europa. Mit dabei gern großformatige Ölarbeiten, Zeichnungen und vor allem farbenreiche Holzschnitte. Gelegentlich kommt der Bronzekopf des Vaters mit. Den hat sie ihm einst zu seinem 80. Geburtstag geschaffen, um ihm zu beweisen, dass sie auch „anständig" (also realistisch) kann.

Mit ihrem literarischen Erstling „Ich liebe die Anfänge! – Von der Lust auf Veränderung" (Fischer Verlag/Krüger) kommt sie 2014 auf den Markt. Gewünscht war ein Buch für Frauen von etwa Mitte 40 bis Mitte 60, die ihr „erstes Leben" quasi hinter sich haben, sich gerne verändern möchten, aber sich nicht so recht trauen. Sie sollte Mut machen. „Da passt mein biografisch angelegter Text sehr gut. Ich erzähle darin ja, dass und wie ich immer neue Dinge angehe. Die Leserinnen sehen, was alles

Großformatige und farbintensive Arbeiten sind ein Schwerpunkt ihrer Malerei.

machbar ist, zumal auch andere Ideen beisteuern und einen unterstützen", erzählt die charismatische Frau. „Und die Familie, die gerne ausbremst, weil sie den Verlust ihrer Bequemlichkeit fürchtet, kommt schnell hinterhergerannt, wenn man die ersten Schritte in Richtung Veränderung einfach mal gemacht hat." Weiter sagt sie: „Eigentlich bin ich kein großer Planer. Ich mache nur die Augen auf: Was gibt es Neues? Was ist los in der Welt? Man muss die eigenen Stärken und Schwächen kennen. An seinen Stärken weiterarbeiten, da kann man immer etwas verbessern, aber seine Schwächen sollte man auch Schwäche sein lassen und akzeptieren." Das legt sie auf Lesereisen auch immer den Zuhörerinnen ans Herz. Sie liest übrigens generell viel. Am gedruckten Buch schätzt sie das Haptische: deshalb keine E-Books. Ansonsten verzichtet sie in ihrem Leben zwar nicht auf Internet und Handy, aber auf einen Fernseher!

„Schreiben ist harte Arbeit. Gerade was sich so locker liest, braucht mehr Einsatz, als man denkt. Das Sachliche muss absolut stimmen. Dann muss das immer weiter überarbeitet werden, bis es endlich auch noch leicht und allgemeinverständlich daherkommt." Während der einjährigen Arbeit am Buch tauscht sie sich viel mit ihrer besten Freundin aus, die in Bielefeld wohnt und „übers bessere Gedächtnis verfügt". Auf die Frage, ob sie an ein weiteres Buch denkt, schüttelt sie entschieden den Kopf: „Bestimmt nicht! Das ist mir zu anstrengend. Wenn ich mich mit Malerei und Holzschnitt beschäftige, dann bin ich ebenso konzentriert, aber entschieden entspannter." Was Barbara Salesch aktuell den Kindern des Ortes beweist, die sie für zehn Cent vom Taschengeld in ihrem Atelier in Kunst unterrichtet.

ANNETTE UND INGA HUMPE

(ANNETTE *1950, INGA *1956)

NEUE DEUTSCHE WELLE

Die beiden Schwestern erlangen große Bekanntheit als Popsängerinnen und Musikproduzentinnen. Sie zählen zu den stilbildenden Vertretern der Neuen Deutschen Welle. Ihre Lebensläufe sind eng miteinander verknüpft.

Die Kindheit verbringen Annette (geb. 1950 in Hagen) und Inga (geb. 1956 in Hagen) in Herdecke an der Ruhr. Die Eltern betreiben dort eine Konditorei. Bad Pyrmont ist die nächste Station, dort legt Annette 1971 am Humboldt-Gymnasium ihr Abitur ab, schreibt auch für die Schülerzeitung Unkraut-Ex. Ein zeitgemäßer Schüttelvers von ihr landet in einer Kolumne: „Jetzt geh' ich in den Birkenwald, denn meine Pillen wirken bald." Annette studiert sechs Semester Komposition und Klavier an der Musikhochschule Köln, dann zieht es sie 1974 nach Berlin, wo sie erste Erfahrungen in Bands sammelt. Inga beginnt nach dem Abitur 1975 ein Studium der Kunstgeschichte und Komparatistik an der RWTH (Rheinisch-Westfälische Technische Hochschule) Aachen, wechselt ein Jahr darauf an die Freie Universität Berlin. Die Schauspielerei liegt ihr

am Herzen, deshalb besucht sie zeitweise die Max-Reinhardt-Schule.

Beide stecken voller Tatendrang und Energie. Jede versucht ihr eigenes Ding in ersten musikalischen Projekten, dann verbünden sich Annette und Inga zur Formation Neonbabies, einer Punkband. Deren erste wirtschaftliche Erfolge stellen sich ab 1979 ein, die Jüngere singt dort bis 1983. Für die große Schwester geht es 1980 weiter mit der Gründung der Band Ideal (zusammen mit Ernst Ulrich Deuker und Frank Jürgen Krüger). Sie übernehmen auch einiges aus dem Repertoire der Neonbabies: „Blaue Augen" wird später zu einem echten Erfolgstitel. Annette singt nicht nur, sondern spielt auch Keyboard. Der internationale Durchbruch für die allseits bekannten Vertreter der Neuen Deutschen Welle gelingt. Natürlich sind Musiker untereinander befreundet, so Ideal mit der Band Trio, was Annette dort Engagements als Backgroundsängerin beschert.

Jung und flippig: Die Schwestern Inga (l.) und Annette (r.) stecken voller Tatendrang.

ANNETTE UND INGA HUMPE

Inga liebt die Shows auf der Bühne ...

... und auch Annette ist dort in ihrem Element.

Als sich Ideal 1983 auflöst, startet **Annette** auch als Produzentin durch. Für die Gruppe DÖF (Deutsch-Österreichisches Feingefühl) schreibt und produziert sie. Beim kommerziell erfolgreichen Titel „Codo" singt Inga mit. 1984 produziert Annette die Band Palais Schaumburg. Ein Jahr später entsteht die schwesterliche Formation Humpe & Humpe, Annette übernimmt selbstverständlich die Produktion. Zwei Alben erscheinen bis 1987. Daneben produziert die Ältere weitere Künstler, unter ihnen Rio Reiser und Heiner Pudelko. 1990 erscheint „Solo", ein Album mit eigenen Kompositionen von Annette. Dann folgt in dieser Richtung eine kleine Auszeit. Annette ist bis 2004 ausschließlich als Komponistin

und Produzentin tätig, dabei für so markante Größen wie Udo Lindenberg, Die Prinzen, Lucilectric, Michael von der Heide, Nena, Band ohne Namen und Etwas. In dieser Zeit (1995) sorgt sie für die Veröffentlichung des Albums „Wall of Sugar" mit der Band Bamby (mit dabei Inga).

Inga ist seit 1993 mit Tommi Eckart liiert, gemeinsam bilden sie eine Band, die sich später 2raumwohnung nennt: Bis 2013 bringen die beiden sieben Alben heraus. Inga wirkt als Gastsängerin, tritt an der Seite von Stephan Remmler, Falco und Marc Almond auf. Sie schreibt Filmmusik, Lieder für andere Sänger (z. B. Kylie Minogue), arbeitet als Produzentin.

Legendär Ingas Duett mit Udo Lindenberg „Ein Herz kann man nicht reparieren".

Annette ist nach einem gewissen Abstand doch noch einmal als Sängerin zu erleben. Mit dem Sänger Adel Tawil gründet sie 2004 die Formation Ich + Ich. Sie komponiert, koproduziert, ist bei einigen Titeln zu hören. Auf der Bühne ab 2007 allerdings nicht mehr, wozu sie dem Spiegel gegenüber kommentiert: „Ich habe mich von der Bühne verabschiedet, bevor irgendjemand fragt: Was macht denn die Alte da auf der Bühne?" Als außerordentlich erfolgreiche Produktion erweist sich Ich + Ich. „Vom selben Stern" landet auf Platz 1 der Albumcharts, hält sich mehr als 50 Wochen in den Top 15. Später folgt eine kreative Pause in der Zusammenarbeit. Dafür entsteht im Januar 2011 ein Album mit Max Raabe, gemeinsam schreiben sie die Lieder, Annette produziert.

Zahlreiche Preise und Auszeichnungen gehen auf das Konto der beiden musikalischen Schwestern.

PREISE UND AUSZEICHNUNGEN

Annette:
1983: Adolf-Grimme-Preis Silber für die Regie von „Jetzt kommt die Flut: Liebe, Geld und Tod"
1996: ECHO Pop in der Kategorie „Erfolgreichste Produzentin" für die Band Ich + Ich
2005: 1LIVE Krone für das Lebenswerk gemeinsam mit ihrer Schwester Inga Humpe
2009: Deutscher Musikautorenpreis
2011: Paul-Lincke-Ring der Stadt Goslar
2018: Verdienstorden der Bundesrepublik Deutschland

Inga:
2003/2005: Dance Music Award „Bestes Album" mit der Band 2raumwohnung
2005: Goldene Stimmgabel „Bestes Duo Deutschpop" mit der Band 2raumwohnung
Mehrfach: den Dance Music Award mit der Band 2raumwohnung
2005: 1LIVE Krone für das Lebenswerk gemeinsam mit ihrer Schwester Annette Humpe
2010: BZ Kulturpreis mit der Band 2raumwohnung
2018: Fred Jay Preis (der GEMA) für ihre Liedtexte
Drei Goldene Schallplatten mit der Band 2raumwohnung
Mehrfache Platinauszeichnung für Duett mit Udo Lindenberg „Ein Herz kann man nicht reparieren"

SABINE LEUTHEUSSER-SCHNARREN-BERGER

(*1951)

„HALTUNG IST STÄRKE"

Sabine Leutheusser-Schnarrenberger vertritt konsequent ihre Überzeugung.

Bundesjustizministerin a. D. Sabine Leutheusser-Schnarrenberger vertritt ihre konsequente Überzeugung auch in ihren Büchern. 2017 erscheint „Haltung ist Stärke" und im März 2019 „Angst essen Freiheit auf".

Vater Horst Leutheusser kommt aus der Kriegsgefangenschaft in Norwegen und bleibt in Minden hängen. Der Liebe wegen. Zur Stadt und zu Lilo, der ausgebildeten Apothekerin. Beide heiraten. 1949 stellt sich die erste Tochter Ruth ein, in der Mitte folgt 1951 Sabine und 1953 schließlich Christa. Der Vater ist juristisch und gesellschaftspolitisch sehr engagiert, arbeitet lange Zeit als Einzelanwalt und später in einer Sozietät. In fünfter Generation wird Sabine die familiäre Tradition als Juristin fortsetzen. Doch zuvor geht es aufs speziell für Mädchen – sogar mit einem hauswirtschaftlichen Zweig – angelegte Caroline-von-Humboldt-Gymnasium.

Glücklich und wohlbehütet sei ihre Kinder- und Jugendzeit gewesen, erinnert sie sich. Sabine belegt den altsprachlichen Zweig, weil man eben „für bestimmte Richtungen im Leben das große Latinum benötigt", wie der Vater entscheidet. Die Sprache passt zu ihrem analytischen Verstand, Mathematik liegt ihr sehr, nur bei Handarbeit springt die Mutter ein und häkelt oder strickt für gute Noten ihrer Mittleren. Die Heranwachsende liebäugelt auch mit einem späteren Lehramt und den Fächern Französisch und Geschichte. In den Sommerferien wird später bei Melitta am Filtertüten-Fließband in Schichten gearbeitet. Vom ersparten, endlich eigenen Geld leistet sie sich 18-jährig einen grauen VW Käfer: ihr erstes, heißgeliebtes Auto. Sabine glänzt 1970 mit einer Abitur-Abschluss-Note von 1,2 und studiert fortan Rechtswissenschaften in Göttingen und Bielefeld. Über einen äußerst engagierten Universitätsprofessor kommt die junge Frau auch an die Politik. Mit Professor

Maihofer kann sie sich identifizieren. Seine damaligen Auffassungen sind „wie eine Revolution im Strafrecht". Auch sie tritt 1978 der FDP bei. Es folgt von 1979 bis 1990 eine Tätigkeit beim Deutschen Patentamt in München. Leitende Regierungsdirektorin nennt sie sich dort zuletzt, ehe sie am 2. Dezember 1990 als Mitglied des Deutschen Bundestages aufgenommen wird.

1992 kommt für die Rechtsanwältin „völlig unerwartet" die Frage, ob sie Justizministerin werden wolle. Binnen weniger Stunden muss sie sich entscheiden. Umgehend ruft sie ihren Mann an. Der Journalist bestärkt sie sofort in diesem einmaligen Angebot, wie er es nennt. „Natürlich soll ich das machen, hat er damals spontan gemeint", erinnert sich Sabine Leutheusser-Schnarrenberger. (Kennengelernt haben sich die beiden schon 1970, nur 57-jährig verstirbt Ernst Schnarrenberger 2006 an einer Krebserkrankung.) Die studierte Juristin übt zweimal das Amt der Bundesjustizministerin aus (1992 bis 1996 und 2009 bis 2013) und gehört dem Deutschen Bundestag 23 Jahre lang an. Großes Aufsehen erregt sie 1996, als sie wegen ihres Protests gegen den „Großen Lauschangriff" vom Amt der Bundesjustizministerin zurücktritt. Bei einer Urabstimmung innerhalb der FDP hat sich zuvor die Mehrheit dafür ausgesprochen. Ihre eindeutige Haltung dagegen bringt ihr parteiübergreifend Anerkennung. Die Grundlagen für besagtes Vorgehen werden 1998 von Bundestag und Bundesrat gelegt. Zu Artikel 13 des Grundgesetzes gehört fortan die sogenannte akustische Wohnraumüberwachung

zu Zwecken der Strafverfolgung. Vor allem Juristen geht dieser Eingriff in private Sphären zu weit. Kritiker sprechen vom „Überwachungsstaat".

Sabine Leutheusser-Schnarrenberger ist sowohl Stellvertretende Vorsitzende der Theodor-Heuss-Stiftung als auch der Friedrich-Naumann-Stiftung für die Freiheit und seit Anfang 2019 Antisemitismusbeauftragte des Landes in Nordrhein-Westfalen. Und damit die erste Aktive in NRW in so einer ehrenamtlichen Position. „Antisemitismus passt nicht zu den Werten unseres Grundgesetzes. Schließlich ist in Artikel eins die Unantastbarkeit der Würde des Menschen geschützt. Das gilt also für alle, die in unserem Wertesystem leben. Das Thema liegt mir am Herzen", sagt sie. Weil antisemitische Übergriffe in diesem Lande zunehmen, will sie auch rechtzeitig und erklärend in Schulen ansetzen. Ein starkes, handlungsfähiges Europa – das ist eine ihrer Visionen. Vor Kurzem wurde sie zur ehrenamtlichen Verfassungsrichterin in Bayern gewählt. Ihre politischen Schwerpunkte sind bis heute die Verteidigung der Grund- und Freiheitsrechte, „wenn es sein muss auch bis zum Bundesverfassungsgericht". Sabine Leutheusser-Schnarrenberger erhält das Bundesverdienstkreuz 1. Klasse der Bundesrepublik Deutschland und den Verdienstorden des Freistaates Bayern sowie einige Datenschutzpreise. Zu Hause ist die Bundesministerin der Justiz a. D. Sabine Leutheusser-Schnarrenberger heute in Feldafing. Und wenn es denn Freizeit gibt, so steckt sie die leidenschaftlich gern in Gartenarbeit oder in den Tierschutz.

KARIN RESSEL

(*1954)

DIE TALENTSUCHERIN

In der Fischerstadt 36 von Hille-Südhemmern befindet sich Deutschlands größte Sammlung an Berufstrainingsmodulen. Hier ist die Zentrale angesiedelt, 90 Prozent der Aufgaben werden aber mobil unterwegs angepackt. Und Karin Ressel ist die Chefin des Technikzentrums Minden-Lübbecke.

Erst kam ihre Schwester auf die Welt, zwei Jahre später folgte der Bruder und weitere zwei Jahre danach Karin. Puppen? Fehlanzeige. Während die Freundinnen von Karin Vater-Mutter-Kind auf der ausgebreiteten Decke zelebrieren, tobt sie mit den Jungs in Stuttgart

Das Tüfteln ist die große Leidenschaft von Karin Ressel.

durch die Gegend. Auf Bäume klettern, Räuber-und-Gendarm- oder Indianerspiele, den Metallbaukasten ausprobieren … und: TÜFTELN! Die Begeisterung dafür wird einem in die Wiege gelegt. Man muss dann nur den richtigen Weg einschlagen. Bei Karin Ressel läuft der Einstieg eher pragmatisch als diplomierte Verwaltungswirtin, wobei auch das ihren Intentionen entspricht. Sie ist klar strukturiert und – wie es heute so schön heißt – ergebnisorientiert. Ein Diplom als Pädagogin rundet die Ausbildung ab. Studiert wird jeweils in Oberammergau und Dortmund. Ihre Berufstätigkeit führt sie zur Bundeswehrverwaltung nach Stuttgart, zur Stadtverwaltung von Bochum und zum Landratsamt nach Haßfurt. Sie erlangt Beamtenstatus. Aber das ist nicht alles im Leben. Knapp 40-jährig wagt sie einen Neustart und zwar im ostwestfälischen Hille, wo sich in Südhemmern inzwischen eine ehemalige Zigarrenfabrik zu einem echten Schmuckstück gemausert hat und dem Technikzentrum Minden-Lübbecke e.V. ein Zuhause gibt.

Der Verein, den vor einem Vierteljahrhundert 60 Frauen ins Leben gerufen haben, hat als Hauptanliegen aktiv gegen die Arbeitslosigkeit von Frauen zu kämpfen. Dieser Ansatz wurde dem gesellschaftlichen Bedarf angepasst, um Mädchen und Jungen gleichberechtigt zu behandeln. Karin Ressel, eine der Mitbegründerinnen des Vereins, erwirbt 2009 die ehemalige Zigarrenfabrik und damit die ideale räumliche Basis. Nach umfangreichen Baumaßnahmen kann der Verein 2011 in das außerordentlich großzügige Objekt umziehen. Auf drei Etagen mit insgesamt 1500 Quadratmetern befinden sich eine Werkstatt, ein Entwicklungs- und Montageraum, verschiedene Ausstellungsräume, Büros und ein Bistro.

Hauptangebot des Technikzentrums ist ein Berufsparcours. Etwa 50 000 Jugendliche in zwölf Bundesländern durchlaufen diesen jährlich, machen sich mit den Feinheiten unterschiedlichster Berufsrichtungen vertraut. 1200 Module decken dabei alle Berufe ab: kaufmännisch, gastronomisch, technisch, medizinisch. Es sind hierzulande 16 Berufsfelder, die sich in 20 000 unterschiedliche Berufe splitten. So groß ist die Qual der Wahl für einen Abiturienten. Für Real- oder Hauptschüler bestehen immerhin noch 1000 verschiedene Möglichkeiten. Hier kommt die geniale Erfindung von Karin Ressel zum Einsatz: „ Auf den besagten 16 Berufsfeldern können sich die Mädchen und Jungen ausprobieren. Pro Berufsfeld binnen 15 Minuten. Dabei filtert sich heraus, was den Heranwachsenden wirklich liegt." Schließlich bleiben vier Berufsfelder übrig und die Auswahl wird entschieden übersichtlicher. Die Kisten mit den jeweiligen Materialien gehen auf die Reise an Schulen. Man kann sie auch kaufen!

Beim Berufsparcours werden per Mini-Praktikum an einem Vormittag bis zu 30 Berufe getestet, und die Jugendlichen erfahren ihre wirklichen Stärken. 2002 fand in NRW eine Kampagne statt, die den Mädchen mehr Lust an der Technik vermitteln sollte. „Der Verein griff das auf und bot in der Folgezeit Entsprechendes praxisnah an. Sollte jemand unbedingt als Dachdeckerin hoch hinaus wollen,

Aus den Händen von Dr. Ralf Niermann, Landrat des Kreises Minden-Lübbecke, nimmt Karin Ressel das Bundesverdienstkreuz am Bande entgegen.

so kann sie sich vorneweg durchaus mal im gängigen Dachpfannenwerfen üben. Für die künftige Zahnarzthelferin ist ein spiegelverkehrtes Arbeiten an künstlichen Gebissen hilfreich. Schließlich wird dieses Vorstellungsvermögen dafür dringend benötigt", schildert Karin Ressel. Wem es problemlos gelingt, den Traps vom Waschbecken auszuwechseln, der hat vielleicht nicht nur sein späteres Betätigungsfeld gefunden, sondern kann daheim helfen. Fürs Werkeln am Computer steht ein durchsichtiger PC-Tower zur Verfügung, damit man sofort sieht, was man

KARIN RESSEL

Am durchsichtigen PC-Tower kann Karin Ressel das Innenleben gut erläutern.

tut … Da auch in technischen Berufen Fachkräftemangel herrscht, greift hier der Verein idealerweise ein. MINT-Kenntnisse (Mathematik, Informatik, Naturwissenschaften, Technik) sind dabei besonders wichtig, und es muss einfach das Interesse geweckt werden – das Spezialgebiet von Karin Ressel und ihrem Team. Als Praxisformat hat sich der urheberrechtlich geschützte Berufsparcours bewährt, schreibt Erfolgsgeschichte: Das rationelle System bringt bisher ca. 3800 Unternehmen und 1 000 000 Schülerinnen und Schüler der Klassen 8 bis 12 zusammen. Hinzu kommt

die Entwicklung von Berufsorientierungssystemen z. B. für Jugendliche, Geflüchtete, darunter ein entsprechendes Training an Schulen für die 7. Klassen.

Seit 2009 ist Karin Ressel Sozialunternehmerin und führt neben dem Technikzentrum seit 2016 die Talentfabrik als Geschäftsführerin: mit 29 angestellten Mitarbeitern und rund 70 Freiberuflichen. „Die Module werden in NRW flächendeckend für verschiedene Ziel- und Altersgruppen eingesetzt und sind gender- und migrantengerecht“, hebt Karin Ressel hervor. Mehrfache Auszeichnungen (2016 Bundesverdienstkreuz am Bande, Wirtschaftsförderungspreis etc.) zeigen, dass der pragmatische Ansatz in der mobilen Berufsorientierung, den sie als Pionierin eingeschlagen hat, wegweisend ist. Für ihr großes Engagement wurde sie 2010 als Social Entrepreneur (Sozialunternehmerin) und Ashoka Fellow geehrt. Sie will die Freude am Material und den Umgang damit vermitteln und ist selbst eine große Tüftlerin. „Daheim liegt immer allerlei herum, das auf die perfekte Idee wartet, die echte Erfolgserlebnisse verschafft", verrät Karin Ressel. In gut gemeinter Absicht würde Kindern heute einfach zu viel abgenommen, was sie aufs spätere berufliche und private Leben nicht genug vorbereitet. Aber dagegen kann man ja etwas tun ...

DER VEREIN

Das Technikzentrum ist ein gemeinnütziger Verein, der Jugendliche und Erwachsene bei der Berufswahl unterstützt und dabei mit Schulen, Lehrkräften, Unternehmen, Verbänden, Innungen, Industrie, Handel und Handwerk kooperiert. Eine Quote von 25 Prozent bei Ausbildungs- und Studienabbrüchen zeigt, dass viele der großen Herausforderung Berufswahl nicht gewachsen sind. Im Jahr 2011 hatten in Deutschland 7,5 Millionen Menschen im Alter von 16 bis 64 Jahren keine abgeschlossene Berufsausbildung (IW, Köln 2014). Vorrangiges Ziel des Vereins ist es, dieser Situation zu begegnen.

ANNETTE ZIMMER

(*1954)

„IMMER ETWAS NEUES AUF DER AGENDA"

Die Politikwissenschaftlerin Prof. Dr. Annette Zimmer arbeitet am Institut für Politikwissenschaft der Westfälischen Wilhelms-Universität Münster (WWU). Ihr Leben widmet sie der Forschung. Spezialgebiete sind Zivilgesellschaft, gemeinnützige Organisationen, Kulturbetriebe und Genderforschung.

Annette Becker wird am 5. September 1954 im westfälischen Letmathe, dem heutigen Iserlohn, geboren. Zur Grundschule geht sie in ihrem Ort, das Gymnasium besucht sie von 1964 bis 1973 in Hohenlimburg, belegt dort den neusprachlichen Zweig. Forschungsdrang liegt ihr im Blut. Nach dem erfolgreichen Abitur 1973 studiert sie bis 1976 an der Universität Mannheim: Geschichte, Politikwissenschaft und Volkswirtschaftslehre sowie Philosophie. In Heidelberg setzt sie ihre Studien fort. Als Magistra Artium beendet sie ihr Studium zunächst, ihre Abschlussarbeit steht unter der Überschrift „Die Deutsch-Russischen Beziehungen im Kaiserreich und der Weimarer Republik: Sicherheits- oder Weltmachtpoli-

tik?". Zum Dr. phil. promoviert sie erfolgreich 1986 mit ihrer Dissertation „Demokratiegründung und Verfassungsgebung in Bayern. Die Entstehung der Landesverfassung von 1946". In Heidelberg hat die engagierte Wissenschaftlerin ihr Herz verloren. Sie heiratet dort den Mediziner Peter Zimmer, der heute die Allgemeine Pädiatrie des Universitätsklinikums Gießen leitet.

Nach der Promotion wechselt die Politikwissenschaftlerin an die Yale University in New Haven (Connecticut) – eine der renommiertesten Universitäten der Welt. Sie arbeitet dort an verschiedenen Forschungsprojekten zum Nonprofit-Bereich. Von 1989 bis 1995 ist Annette Hochschulassistentin an der Universität Kassel, zuletzt steht dort die Habilitation an, ihre Arbeit dazu trägt den Titel „Vereine zwischen Markt und Staat. Eine Analyse des Vereinswesens aus der Dritte-Sektor-Perspektive". Dann folgt sie 1996 einem Ruf des Instituts für Politikwissenschaft der WWU in Münster auf die Professur „Deutsche und Europäische Sozialpolitik und Vergleichende Politikwissenschaft", wo sie auch heute engagiert tätig ist.

Zwischenzeitlich macht die Politologin Station an der University of Toronto, an der Johns Hopkins University und am American Institute for Contemporary German Studies in Washington. Die Spezialgebiete der Professorin sind gemeinnützige Organisationen des Dritten Sektors oder Nonprofit-Bereichs, Social Entrepreneurship, Zivilgesellschaft, deutsche und europäische Sozialpolitik und

Geschlechterthemen. Sie begleitet eine Vielzahl von Forschungsprojekten, gerade auch EU-weit.

2005 ruft Professorin Zimmer mit Gisela Claußen und Michael Vilain den Weiterbildungsstudiengang Nonprofit Management & Governance ins Leben, er ist heute am Weiterbildungszentrum der Universität Münster angesiedelt. Von 2015 bis 2017 wirkt die engagierte Forscherin als Präsidentin der International Society for Third Sector Research (ISTR). Sie ist als Jurorin aktiv beim Deutschen Engagementpreis und bei der Stiftung Westfalen-Initiative. Sie ist Mitglied des Stiftungsrats der Aktiven Bürgerschaft, gehört den Beiräten verschiedener Fachzeitschriften an, beteiligt sich auch als Herausgeberin, war langjähriges Vorstandsmitglied der Deutschen Vereinigung für Politische Wissenschaften (DVPW) und im Arbeitskreis „Aktivierender Staat und Bürgergesellschaft" der Friedrich-Ebert-Stiftung. Bürgerschaftliches Engagement, Zivilgesellschaft, der Kunst- und Kulturbetrieb, Interessenvertretung und Lobbying insbesondere für Frauenförderung – das zählt zu ihrem Spektrum. Aktuell ist sie forschungsmäßig wieder im Kulturbereich unterwegs. Sie leitet das von der Deutschen Forschungsgemeinschaft geförderte Projekt

Forschungsdrang liegt Prof. Dr. Annette Zimmer im Blut.

ANNETTE ZIMMER

„Passion als Beruf — Karriere und Arbeitssituation des künstlerischen, technischen und administrativen Personals an ausgewählten Mehrspartenbühnen in NRW und den neuen Bundesländern", das Teil eines größeren Forschungsverbundes zu den Darstellenden Künsten ist.

Neues entdecken und sich frühzeitig auf Veränderungen, gerade auch der geopolitischen Lage, einstellen – dies zählt zu den Leitmotiven der Politikwissenschaftlerin, die auch privat sehr viel unterwegs ist.

FORSCHUNGSREISE INS „REICH DER MITTE"

Eine zweiwöchige Forschungsreise führt die Professorin im März 2019 im Rahmen des LoGoSO-Projektes (Local Governments and Social Organizations in Germany and China) ins „Reich der Mitte". Das von der Stiftung-Mercator geförderte Projekt untersucht die Zusammenarbeit zwischen zivilgesellschaftlichen Organisationen und öffentlichen Akteuren bei der lokalen Integration von Migranten in Deutschland und China. Bald darauf – im Mai – ist sie in Südafrika auf Stippvisite bei der Business School der Wits, der University of the Witwatersrand in Johannesburg. Hier ist gerade ein neues Zentrum für die Erforschung von Philanthropie und bürgerschaftlichem Engagement entstanden – das erste dieser Art in Afrika überhaupt. Ein international hochkarätig besetzter Beirat unterstützt das Zentrum bei der Einrichtung von Studiengängen und der Akquise von Forschungsmitteln. Die Professorin aus Münster ist mit von der Partie. Das „Reich der Mitte" sowie Südafrika sind Zukunftsregionen, so die international orientierte Westfälin, doch leider – so setzt sie kritisch hinzu – findet dies in der Politikwissenschaft bisher eher wenig Beachtung.

BIRGIT GÄRTNER

(*1962)

MIT HERZ UND TRADITION

Eigentlich ist die Möbelbranche eine Männerdomäne, aber der geschäftsführenden Gesellschafterin Birgit Gärtner kann niemand etwas vormachen. Ihr Fachwissen, gekoppelt mit dem nötigen Gespür und jeder Menge Courage, ist einfach unschlagbar.

In zweiter Generation liegt die Federführung des Unternehmens mit in den Händen von Birgit Gärtner.

Zwei „Jungs vom Dorfe" suchen etwas Neues. Holzhändler und Handelsvertreter soll es nicht mehr sein, aber auf jeden Fall etwas, womit man die Familien ernähren kann. Wilhelm Fahrenkamp, aufgewachsen in Dützen, und Hermann Gärtner aus Oberlübbe sind schon länger freundschaftlich miteinander verbunden, als sie beschließen, etwas gemeinsam zu unternehmen. Und so gründen sie am 1. Dezember 1965 ihre Firma in der Möbelbranche, die heute mit etwa 8000 Mitarbeitern zu den größten Einrichtungsunternehmen Deutschlands gehört. Neben SB-Möbel BOSS und Asko in Tschechien und der Slowakei zählen aktuell 26 Einrichtungshäuser und drei porta Küchenwelten zu porta-Möbel. Geblieben sind von Anfang an die Grundsätze: persönliches Engagement, Zuverlässigkeit, Fairness im Umgang mit Kunden, Mitarbeitern und Lieferanten. In zweiter Generation liegt die Federführung des Familienunternehmens in den Händen der geschäftsführenden Gesellschafter Birgit Gärtner und Achim Fahrenkamp. Ein ebenso eingeschworenes Team wie die Väter. Ihnen zur Seite in der Dreier-Holding-Geschäftsführung steht Dr. h. c. Jürgen Gerdes.

Alles ist eng miteinander verwoben und setzt schon in der Kindheit an. Birgit spielt nicht mit Puppen, also landet eine Eskimo-Ausführung in der Abstellkammer bei den anderen. Bei einem Besuch im Einrichtungshaus in Barkhausen entdeckt sie ihre Puppe als Deko in einem Jugendzimmer und nimmt sie wieder mit nach Hause. Eine Lehre, wie „vereinnahmend ein Familienunternehmen auch sein kann". Während Klassenkameraden mit den Eltern übers Wochenende schöne Ausflüge machen, geht es bei Familie Gärtner zur Konkurrenz, um zu schauen, wie dort alles abläuft … Nach einem Brand im Stammhaus muss das Löschwasser wieder hinausbefördert werden, wie alle anderen ist auch die 19-Jährige mit einer Schippe bewaffnet. Zahlreiche Aushilfsjobs im Unternehmen vermitteln den Bezug zur Basis und jede Menge Fachwissen. Nach ihrem erfolgreichen Abitur absolviert sie eine Ausbildung zur Groß- und Außenhandelskauffrau.

Sie heiratet, Christian und Felix werden geboren. Einerseits genießt die junge Mutter die

… Zahlen und Fakten sprechen für sich.

Familienphase, andererseits fehlt die Bestätigung durch die Arbeit. Was ihrem Vater durchaus auffällt, und er bietet seiner Tochter 1993 an, aktiv mit einzusteigen. „Zunächst als Einkäuferin für Heimtextilien in Teilzeit. Mit Bettwäsche, Kissen, Oberbetten, Decken und Zierkissen kannte ich mich ja gut aus", erinnert sich Birgit Gärtner, die damit einen interessanten Bereich findet. Aber das reicht ihr schon bald nicht mehr. Um ihr berufliches Rüstzeug zu erweitern, belegt sie ein anderthalbjähriges Fernstudium für Marketing und Vertriebsmanagement an der St. Galler Business School. Der Spagat zwischen Beruf und Familie gelingt ihr auch dank der tatkräftigen Unterstützung durch ihre Mutter Margarete. Nach der Scheidung von ihrem ersten Mann heiratet Birgit Gärtner erneut und die gemeinsame Tochter Karalina kommt zur Welt.

Birgit Gärtner ist viel unterwegs, besucht die verschiedenen Häuser, schaut sich weltweit auf Messen um, hat ein offenes Ohr für die Mitarbeiter. „Wie entwickelt sich die Möbelbranche in den nächsten Jahren?", fragt sich die Chefin und spielt auf die Digitalisierung an, für die man viel Geld in die Hand nehmen muss. „Dem sich dramatisch ändernden Kaufverhalten muss man Rechnung tragen. Es geht um Verfügbarkeit, um den Versand. Früher sagte man, Möbel verkauft man nicht im Internet. Die Zeiten sind vorbei. Unsere strategische Ausrichtung ist auf jeden Fall das Thema Nummer eins."

ANJA NIEDRINGHAUS
(1965–2014)

FOTOS, DIE GESCHICHTEN ERZÄHLEN

Mitte April 2014 lobt die Internationale Stiftung für Frauen in den Medien einen Anja-Niedringhaus-Preis aus – zur Ehre und zum Andenken an die mutige Fotografin. Der Preis wird jährlich als Auszeichnung für Fotojournalistinnen vergeben, die außergewöhnliche Tapferkeit bei der Berichterstattung zeigen. Möglich macht diese Ehrung eine Zuwendung in Höhe von einer Million US-Dollar der Stiftung von Howard Buffett.

Anja Niedringhaus kommt 1965 in Höxter auf die Welt und wächst mit zwei Schwestern auf. 17-jährig startet sie ihre Mitarbeit für die Lokalredaktion der Neuen Westfälischen Zeitung in ihrer Heimatstadt, während sie noch das König-Wilhelm-Gymnasium besucht. Dem Abitur 1986 schließt sich ein Einsatz für die Kindernothilfe in Indien an. Dann ein Studium an der Universität Göttingen. Auf Germanistik, Philosophie und Journalismus legt sie sich fest, schreibt und fotografiert auch in dieser Zeit für das Göttinger Tageblatt. Sie ist die erste Frau, die die European Pressphoto Agency (EPA) als Fotografin anstellt. Ihre beeindruckenden Fotos vom Berliner Mauerfall haben überzeugt. Sport- und Gesellschaftsfotografie sind bis 1992 ihre thematischen Schwerpunkte, dann wird sie im selben Jahr nach Jugoslawien geschickt, wo gerade Krieg ausgebrochen ist. Verletzungen während der Arbeit übersteht sie. Nach den Terroranschlägen am 11. September 2001 in New York fotografiert sie vor Ort die Folgen, geht kurz darauf nach Afghanistan.

Anja Niedringhaus: immer mit ihrer Kameraausrüstung unterwegs.

Ab 2002 ist die US-amerikanische Nachrichtenagentur Associated Press (AP) ihr Arbeitgeber. Sie wird als Fotojournalistin und Kriegsberichterstatterin angestellt und gehört 2003/04 zu den Kriegsreportern, die „embedded" (innerhalb der US-Armee) im Irak bei der Schlacht um Falludscha anwesend sind. Anja drückt auf den Auslöser, als Bomben auf die Zentrale des Internationalen Roten Kreuzes in Bagdad und aufs Hauptquartier der italienischen Sicherheitskräfte in Nasiriya fallen. Auch die irakischen Wahlen im Jahr 2005 lichtet sie ab. Für ihre Fotoberichterstattung aus dem Irak erhält sie zusammen mit neun AP-Kollegen 2005 den Pulitzerpreis und ist damit die erste deutsche Frau, die solchermaßen geehrt wird. Auch ein Preis für journalistischen Mut wird ihr im selben Jahr zugesprochen, der Courage in Journalism Award der International Women's Media Foundation (IWMF). 2008 folgt die

Goldene Feder für herausragende Reportagen als Frau in Krisengebieten.

Ein akademisches Jahr verbringt sie an der Harvard University, erhält dafür das Nieman-Fellowship-Stipendium. Die dennoch nötige Studiengebühr übernimmt Howard Buffett, Sohn des amerikanischen Großinvestors Warren Buffett. Einen Ausgleich zu ihren beruflichen Einsätzen in Krisenzonen bringen Fotos von wichtigen Sportereignissen. Bei den Wimbledon Championships sieht man sie Jahr um Jahr mit ihrer Kameraausrüstung. Doch hauptsächlich berichtet sie weiter aus Kriegsgebieten – vom Balkan, aus Palästina, Kuwait, Libyen –, erzählt komplexe Geschichten mit ihren einzelnen Aufnahmen, will wachrütteln. Ihr Motto als Kriegsberichterstatterin: „Wenn ich es nicht fotografiere, wird es nicht bekannt."

2014 sind Anja Niedringhaus und ihre Associated-Press-Kollegin, die kanadische Journalistin Kathy Gannon, in einem Wahlkonvoi unterwegs. Der besteht aus afghanischen Sicherheitskräften und Wahlhelfern, die Stimmzettel ausliefern. Sie befinden sich am 4. April in der Provinz Chost und wollen über die aktuellen

Ihre Fotos mahnen zum Frieden.

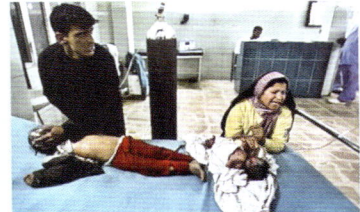

Einzelne Aufnahmen erzählen komplexe Geschichten, die wachrütteln.

Präsidentschaftswahlen in Afghanistan berichten, die am folgenden Tag anstehen. Als sie an einem Stützpunkt der Sicherheitskräfte in Banda Khel warten müssen, feuert ein Polizist eine Salve ab. Dazu schreit er: „Allahu Akbar". Anja ist sofort tot, Kathy schwer verletzt. Ihre letzte Ruhe findet die deutsche Fotografin in ihrer Geburtsstadt Höxter auf dem Friedhof am Wall.

AUSSTELLUNGEN

Die Arbeiten von Anja Niedringhaus werden an unterschiedlichsten Orten ausgestellt: im Museum für Moderne Kunst in Frankfurt, im Kasseler Kunstverein, im Internationalen Forum für Visuelle Dialoge C/O Berlin, im Museum of Fine Arts in Houston, im Coalmine Forum für Dokumentarfotografie in Winterthur und in Situation Kunst (für Max Imdahl) – Kunstsammlungen der Ruhr-Universität Bochum. In einer Sonderausstellung zum fünften Todestag der Pulitzer-Preisträgerin gibt es im Käthe-Kollwitz-Museum Köln vom 29. März bis 30. Juni 2019 im Rahmen des Internationalen Photoszene Festivals mehr als 90 großformatige Aufnahmen aus ihrem beeindruckenden Œuvre, es ist die erste posthume Retrospektive ihrer Art. Überschrieben mit „Anja Niedringhaus – Bilderkriegerin" sind es Fotografien, die zum Frieden mahnen.

ALEXANDRA POPP

(*1991)

DIE KAPITÄNIN

Frauenfußball ist ihre Leidenschaft. Unter Vertrag steht die Abwehr- und Mittelfeldspielerin sowie Stürmerin beim renommierten Bundesligisten VfL Wolfsburg. Bei den Weltmeisterschaften 2019 in Frankreich führt Alexandra Popp ihr Team als Spielführerin aufs Feld.

Alexandra kommt am 6. April 1991 in Witten auf die Welt. Die Eltern Iris und Andreas Popp sind glücklich. Zur Familie gehört auch der Bruder Dennis. Sport ist angesagtes Thema in der Familie, und es soll Fußball sein, schließlich bringt das Mädchen die nötige Spielfreude mit. Folglich steigt Alexandra schon in sehr jungen Jahren beim FC Schwarz-Weiß Silschede in Gevelsberg ein. Bis 14 Jahren spielt sie dort in gemischten Mannschaften, das ist die höchstmögliche Altersgrenze. Später ein Wechsel zum 1. FCC Recklinghausen und zur Saison 2008/09 zum FCR 2001 Duisburg. Ihre Leistung fällt auf und der französische Spitzenverein Olympique Lyon will sie gern in seinen Reihen haben, aber sie schlägt das Angebot aus. Am 7. September 2008 gibt sie ihr Bundesligadebüt gegen den Herforder SV, ihre ersten Bundesligatore fallen am 28. September

beim 8:0-Sieg gegen den TSV Crailsheim. Mit fünf Toren wird sie 2010 beim DFB-Hallenpokal Torschützenkönigin des Turniers.

Dann zur Saison 2012/13 ein weiterer Wechsel, diesmal mit ihrer Vereinskameradin Luisa Wensing. Die beiden zieht es zum starken VfL Wolfsburg, bei dem Alexandra auch heute noch unter Vertrag steht. Erfolg reiht sich an Erfolg. Mit der neuen Mannschaft gewinnt sie schon in ihrer ersten Saison das Triple aus Deutscher Meisterschaft, DFB-Pokal und Champions League, 2013/14 erneut die UEFA Women's Champions League. Es folgt in Wolfsburg das Endspiel um die Deutsche

Mehrfach Deutschlands Fußballerin des Jahres: Alexandra Popp.

Siege wollen genossen und gefeiert werden!

Meisterschaft. Dem bis dahin ungeschlagenen Gegner 1. FFC Frankfurt hätte ein Unentschieden gereicht, Vorjahressieger VfL Wolfsburg muss siegen, um zu gewinnen. Alexandra platziert in der 89. Spielminute den Siegtreffer, und die Wolfsburger können damit ihren Titel verteidigen.

Mit der U17-Nationalmannschaft wird Alexandra im Mai 2008 Europameisterin. Erstmals beruft man die junge Sportlerin Anfang 2010 in den Kader der A-Nationalmannschaft der Frauen. Ihr Debüt am 17. Februar 2010 gegen Nordkorea. Beim Algarve Cup gelingen ihr ihre ersten beiden Länderspieltore – beim 7:0 gegen Finnland am 26. Februar desselben Jahres. Sie ist natürlich bei der U20 Frauen-Weltmeisterschaft 2010 in Deutschland dabei, gewinnt mit ihrer Mannschaft den Titel und trifft dafür in jedem Spiel. Insgesamt zehn rekordmäßige Turniertreffer gehen auf ihr Konto, was die FIFA im Anschluss an das Turnier auszeichnet: mit dem „Goldenen Schuh" als beste Torschützin und dem „Goldenen Ball" als beste Spielerin des Turniers.

2011 gehört Alexandra zum deutschen WM-Kader, kommt in allen vier Spielen zum Einsatz. Am 19. November des Jahres dann ein spektakulärer 17:0-Rekordsieg: Im Rahmen der EM-Qualifikation gegen Kasachstan glücken ihr vier Tore. Bundestrainerin Silvia

ALEXANDRA POPP

Neid beruft die Spitzensportlerin am 24. Mai 2015 in den endgültigen Kader für die Weltmeisterschaft 2015 in Kanada. 2016 zählt Alexandra zum Kader der Nationalmannschaft für das Olympische Fußballturnier der Frauen in Brasilien. Sie spielt in allen sechs Spielen. Im Finale gegen Schweden dann ein 2:1-Sieg und die Goldmedaille. Dafür erhält sie am 1. November 2016 die höchste sportliche Auszeichnung in der BRD: das Silberne Lorbeerblatt. Schon 2014 und noch einmal 2016 wählen Sportjournalisten Alexandra Popp zu Deutschlands Fußballerin des Jahres. Alexandra, die seit 2010 regelmäßig für die deutsche Frauenfußballnationalmannschaft spielt, wird am 19. Februar 2019 zur Kapitänin der Auswahl berufen. Bei der Weltmeisterschaft 2019 in Frankreich führt Alexandra Popp die deutsche Mannschaft als Spielführerin aufs Feld. Das Team gewinnt beim Auftakt souverän gegen die Chinesinnen, besiegt auch weitere Mannschaften, kann dann aber leider die Erfolgssträhne nicht festhalten und scheidet aus. Sportlicher Wettstreit besteht eben auch aus Niederlagen. Und nach dem Spiel ist vor dem Spiel!

Und sonst noch außer Fußball? Rad fährt Alexandra, die in Gevelsberg wohnt, sehr gern. Hund Patchi ist der Liebling der gelernten Tierpflegerin. Aber generell steht natürlich Training, Training und nochmals Training auf dem Plan – dicht gefolgt von den zahlreichen Spielen.

FRAUENFUSSBALL IN DEUTSCHLAND

In Deutschland betreiben Frauen um die Wende zum 20. Jahrhundert eine Art Fußball, allerdings stehen sie dabei im Kreis, um sich den Ball gegenseitig zuzuspielen. Insgesamt gilt das Ballspielen als moralisch verwerflich. In anderen europäischen Ländern erreicht Frauenfußball in den 1920er-Jahren einen ersten Höhepunkt, in Deutschland verbietet man den Sport. Turnvereine akzeptieren hierzulande keine Frauen. Die nehmen das selbst in die Hand und Sportbegeisterte unter ihnen organisieren sich in eigenen Vereinen, spielen endlich Fußball. Auch später noch tun sich Fußballverantwortliche schwer in Sachen Frauenfußball, untersagen auf einem Verbandstag 1955 sogar solcherart Angebote. Doch es lässt sich nicht aufhalten. Frauenfußball ist auch bei uns eine der am schnellsten wachsenden Sportarten. Beachtenswerte Vereinsmannschaften und die Erfolge der Nationalmannschaft haben dafür gesorgt, dass sich die einst belächelte Randsportart gesellschaftliche Akzeptanz verschafft hat.

GINA LÜCKEN-KEMPER

(*1996)

SCHNELL WIE DER WIND

„Mit 16 war ich Deutschlands viertschnellste Frau über 200 Meter, mit 18 wurde ich U20-Europameisterin und mit 19 sprintete ich in Amsterdam zu EM-Bronze bei den Erwachsenen", beschreibt Gina Lückenkemper ihre temporeiche Karriere.

Schon im Kindergarten – im westfälischen Welver, Kreis Soest – läuft Gina den Jungs davon und hängt alle beim Bambini-Rennen des Heimatvereins ab. Sie probiert sich in fast allem aus. Miserable Würfe, passable Sprünge, aber Schnelligkeit – das ist ihr Ding. Erste Erfahrungen sammelt das Mädchen auf den Mittelstrecken beim TuS Ampen. 2012 ihr erster internationaler Start. Als jüngste deutsche Teilnehmerin bei den U20-Weltmeisterschaften in Barcelona schafft sie es über 200 Meter ins Halbfinale. Bei den U20-Weltmeisterschaften in Eugene gewinnt sie im Team die Bronzemedaille mit der deutschen 4x100-Meter-Staffel (mit Lisa Marie Kwayie, Lisa Mayer, Chantal Butzek).

2014 setzt die Förderung als Mitglied des Nachwuchselite-Teams der Sportstiftung

Gina Lückenkemper bezieht auch öffentlich Stellung gegen Doping.

NRW ein. Ihr aktueller Heimtrainer Ulrich Kunst, ein Rheinländer, könnte schon seine Rente genießen, ist aber für Gina seit 2015 noch einmal zur Höchstform aufgelaufen. Bei seinen speziellen Methoden setzt er Qualität über Quantität, betont das Grundlagentraining und den Ursprung der Leichtathletik. Zu ihm gesellt sich ein weiterer Spezialist: Lars Lienhard. Der ehemalige Hürdenläufer ist Neuroathletiktrainer. Neuronale Prozesse verbessern sich mit seiner Hilfe, Impulse von außen lassen sich schneller verarbeiten und Muskeln fixer ansteuern – was Reaktionszeiten verringert.

Gina Lückenkemper, aktiv in sozialen Netzwerken, bezieht öffentlich Stellung gegen Doping und informiert über ihre Kontrollen. Für ihren Geschmack gibt es „schon zu viele Geschichten von gedopten Athleten, die mit Mitte 30 an den Folgen gestorben sind". Das ist es ihr nicht wert – keine Medaille der Welt. Was die deutsche Sprintgeschichte angeht, so liegen sechs Frauen mit ihrem Tempo vor Gina. Das Feld wird allerdings im Zusammenhang mit Doping genannt. Und dennoch gelten die Bestmarken von einst weiterhin als Messlatte – was vor allem juristische Gründe hat, schließlich sind die möglichen Dopingverstöße verjährt.

Siege und Top-Platzierungen sichert sich Gina Lückenkemper während ihrer bisherigen sportlichen Laufbahn im In- und Ausland. So ist sie mehrfache Deutsche Meisterin im 100-Meter-Lauf. Zeitlich gesehen ist das (bisherige) Highlight 2017, als die damals 20-Jährige bei den Weltmeisterschaften in London ihre persönliche Bestleistung von 10,95 Sekunden über 100 Meter abliefert und ihr damit die schnellste Zeit aller Vorläufe gelingt. Die Erinnerung daran ist für sie „Motivation pur. Allein zu wissen, dass ich das geschafft habe." Als sie im Juli 2018 bei den Deutschen Meisterschaften auf dem Siegerpodest des Nürnberger Max-Morlock-Stadions steht, liegen

Gina bezeichnet sich selbst als „lockeren Typ".

Volle Konzentration beim Start!

49 Schritte mit rund 38 km/h Maximalgeschwindigkeit und alles in allem 11,15 Sekunden hinter ihr. „Ich hatte mir eine bessere Zeit vorgenommen, aber das Wetter spielte nicht mit", sagt die neuerliche Deutsche Meisterin rückblickend. 2018 feiert Gina Lückenkemper bei den Europameisterschaften in Berlin mit der Silbermedaille im 100-Meter-Finale ihren bis dahin größten Erfolg. In der Sprintstaffel erreicht sie mit Tatjana Pinto, Lisa Marie Kwayie und Rebekka Haase Bronze. Stolz ist sie auf ihren fünften Platz bei der Wahl zur „Sportlerin des Jahres 2018 in Deutschland".

Gina Lückenkemper bezeichnet sich selbst als „lockeren Typ", sieht ihre Stärke im Mentalen. Eben noch Spaßmacherin auf der Bahn und in der nächsten Sekunde voll konzentriert. Das hängt vielleicht mit der Faszination Pferd zusammen, die sie bereits im Kindesalter packte. Picasso, den sie sich 2016 kaufte, bezeichnet sie als ihren Therapeut. Sie genießt die Ruhe im Stall. Kopfschmerzen verschwinden, sobald sie ihren Liebling zu putzen beginnt. Ist Gina unterwegs und im Trainingslager, schicken die Eltern Aufnahmen, wie es für Pici leckere Möhren gibt. 2016 absolviert sie ihr Abitur am Conrad-von-Soest-Gymnasium. Heute studiert Gina Lückenkemper Wirtschaftspsychologie an der Ruhr-Universität Bochum. Man kann schließlich nicht sein ganzes Leben lang rennen.

Als Botschafterin für „Plan International" besucht sie 2017 in Ghana Wasserprojekte, die unter anderem vom Deutschen Leichtathletik-Verband gefördert werden. Sie überzeugt sich davon, wie sinnvoll ihre Spende eingesetzt wird und lernt ihr Patenkind Anabella mit Familie persönlich kennen: „Eine sehr, sehr schöne Reise, aber auch eine sehr emotionale." Selbst der Alltag der sympathischen Sportlerin benötigt Sprinttempo. Studiert wird in Bochum, gelebt in Soest, trainiert, wo es gerade passt, und der Liebe wegen nach Bamberg zum Freund gefahren. Meist mit dem Auto, bei ihrer Lieblingsmusik und mit eigener Karaoke-Show. Was ziemlich schief klingen soll, aber es ist ja niemand zugegen und: Ihre Stärken liegen eben im Lauf!

NOCH MEHR STARKE FRAUEN

Natürlich wäre bei allen Vorgestellten sehr viel mehr zu berichten gewesen. Aber das hätte den Rahmen des Buches gesprengt. Und es gab so viele weitere grandiose Frauen, die in die engere Auswahl gekommen waren.

Helene Lohmann aus Witten, Unternehmerin und Frauenrechtlerin (*1784 in Bommern, †1866 in Witten). Die Mutter von sechs Kindern übernahm nach dem Tod ihres Mannes 1837 die Geschäfte, zu denen das Stahlwerk ihres Mannes, eine Mühle, eine Weinbrennerei, das Gut Berge zu Witten mit seiner Landwirtschaft, ein Getreidehandel und sage und schreibe 69 Zechen zählten. Persönlichkeiten aus Politik und Kultur trafen sich in ihrem Hause, das weit über die Grenzen von Witten hinaus bekannt war. Die erfolgreiche Geschäftsfrau nutzte ihren Einfluss und formulierte Fragen zur Rolle der Frau öffentlich.

Die deutsche Ethologin **Hanna-Maria Zippelius** (*1922 Detmold, †1994) legte ihren Forschungsschwerpunkt über Jahrzehnte auf die angeborenen Grundlagen der Kommunikationsfähigkeit von Kleinsäugern. Ihr relativ spätes Werk aus dem Jahr 1992 mit dem doppeldeutigen Titel „Die vermessene Theorie" war viel beachtet und leidenschaftlich diskutiert.

Helga Simon (*1938 in Hannover) präsentierte sich ein knappes Vierteljahrhundert als poetische Nachtwächterin von Minden. Ein echtes Markenzeichen der Stadt, mit wunderbaren eigenen Texten. Ihre unverkennbare, markante Stimme schallte durch die alten Gassen. Sie hatte sich eine Männerdomäne erobert, trug Pelerine, Laterne, Horn und Hellebarde voller Stolz und vermittelte jede Menge historisches Wissen auf unterhaltsame Art.

So erlebte man Helga Simon als Nachtwächterin in Aktion, hier an der Seite eines Berufskollegen bei einem Nachtwächtertreffen 2004.

Die Sängerin Nena startete in jungen Jahren durch und legte eine beispielhafte Karriere hin.

Jüngst erhielten Ute Schäfer aus Detmold und Lena Strothmann aus Gütersloh eine der höchsten Auszeichnungen von NRW – den Verdienstorden des Landes Nordrhein-Westfalen. Die gelernte Schneidermeisterin, Designerin und CDU-Politikerin **Lena Strothmann** (*1952 in Münster) wirkte von 1998 bis 2019 als Präsidentin der Handwerkskammer Ostwestfalen und war damit die erste Frau in solch einer Position. Von 2003 bis 2017 vertrat sie den Wahlkreis Bielefeld im Bundestag. Von 2000 bis 2017 war die SPD-Politikerin **Ute Schäfer** (*1954 in Lage, Kreis Lippe) Landtagsabgeordnete und in dieser Zeit auch für etliche Jahre Ministerin für Familie, Kinder, Jugend, Kultur und Sport. Heute engagiert sie sich fürs Literaturbüro in Detmold und ist Vorsitzende der Sportstiftung des bevölkerungsreichsten Bundeslandes.

Auch in Westfalen verortet sind Mitbegründerin und Gesellschafterin der WAZ-Mediengruppe, Verlegerin und Mäzenin **Anneliese Brost** (*1920 in Bochum, †2010 in Essen), Lottofee, Moderatorin und Fernsehansagerin **Karin Tietze-Ludwig** (*1941 in Siegen), Schauspielerin **Iris Berben** (*1950 in Detmold), Grünen-Politikerin **Renate Künast** (*1955 in Recklinghausen), Schriftstellerin **Hera Lindt** (*1957 in Bielefeld), Sängerin **Nena** (*1960 in Hagen), Schauspielerin **Franka Potente** (*1974 in Münster), Nachrichtensprecherin und Moderatorin **Judith Rakers** (*1976 in Paderborn), Boxweltmeisterin im Fliegengewicht **Nadia Raoui** (*1985 in Herne) …

QUELLEN UND WEITERFÜHRENDE LITERATUR:

Diverse: Gespräche, Internet/Wikipedia & Co.;

Droste-Hülshoff: Annette von Droste-Gesellschaft e.V./Georg Veit, 1. Vorsitzender;

Gerhardi: Galerie der Stadt Lüdenscheid, Dr. Susanne Conzen;

Dettmer: „Von selbst ändert sich nichts." (Frauen und Politik in der Mindener SPD) von Ursula Bender-Wittmann/Ulrike Faber-Hermann in „Keine vaterlandslosen Gesellen. Beiträge zur Geschichte der Sozialdemokratie in Minden", Hrsg. Joachim Meynert, Ursula Bender-Wittmann, Verlag Uhle & Kleimann, Lübbecke 1994;

Ströver: Elke Madlehn-Meier, „Die goldene Pforte. Eine deutsche Kindheit", Furche-Verlag 1919;

Bentz: Melitta Gruppe, „100 Jahre Melitta – Geschichte eines Markenunternehmens", Geschichtsbüro Verlag, Köln 2008;

Schmidt: Kreisarchiv/Leiter Dr. Knut Langewand, Heimatverein Warendorf, „Wie wir wurden, was wir nicht werden sollten" Hrsg. von Ulrike Gilhaus, Julia Paulus, Anne Kugler-Mühlhofer, L WL-Industriemuseum;

von Bodelschwingh: v. Bodelschwinghsche Stiftungen Bethel/Bärbel Bitter;

Waldoff: Maegie Koreen, „Claire Waldoff – Die Königin des Humors. Eine Biografie von Maegie Koreen", Verlag Chanson-Café, Gelsenkirchen 2014;

Wessel: Haus der Geschichte, Bonn;

Rasche: Essener Luftfahrtarchiv, Frank Radzicki;

Suppe: Dr. Kirsten Maaß, Klaus vom Lehn;

Kronenberg: Marc Albano-Müller, Beiträge zur Heimatkunde der Stadt Schwelm und ihrer Umgebung, Jahresgabe des Vereins für Heimatkunde Schwelm e.V., Neue Folge, 65. Heft, 2016, Marc Albano-Müller „Fräulein Herz, wollen Sie mitessen?";

Fiedler: Stadt Siegen, Dr. Sabine Schutz;

Iber-Schade: Cornelia Iber-Rebentisch, Martina Wittkopp-Beine/Stadtarchivarin Plettenberg, „Mehr Stolz, ihr Frauen!" (Lebensgeschichten Plettenberger Frauen aus dem 20. Jahrhundert erzählt von der Plettenberger Werkstatt Frauengeschichte – Beiträge zur Plettenberger Stadtgeschichte; Annerose Iber-Schade, Unternehmerin, geb. 1923, „Die Welt aus einer Nussschale" von Cornelia Iber-Rebentisch), Hrsg. im Auftrag der Stadt Plettenberg von Martina Wittkopp-Beine, Bd. 6, 2012;

Schanzara: Tana Schanzara „Jeden Morgen dasselbe Theater: Erinnerungen, Geschichten, Lieder", Brockmeyer Verlag, Bochum 1996;

Eichmann: Jüdisches Museum Westfalen/Dr. Norbert Reichling, Johanna Eichmann „Du nix Jude, Du blond, Du deutsch", Klartext Verlag, Essen 2011, Johanna Eichmann „Die rote Johanna. Erinnerungen 1952–2012", Hrsg. vom Jüdischen Museum Westfalen, Klartext Verlag, Essen 2013;

Gauselmann: „Der Spielemacher Paul Gauselmann" (Die Biographie erzählt von Barbara Dickmann) Econ/Ullstein Buchverlage GmbH, Berlin, 2017;

Salesch: „Ich liebe die Anfänge! Von der Lust auf Veränderung", S. Fischer Verlage, Frankfurt am Main, 2014;

Leutheusser-Schnarrenberger: „Haltung ist Freiheit", Kösel-Verlag, München 2017, „Angst essen Freiheit auf", wbg THEISS, Darmstadt 2019, „Stars in Minden" von Inge Czygan, Wartberg Verlag, Gudensberg-Gleichen 2011;

Gärtner: „Frauen führen! Erfolgsgeschichten aus der NRW-Wirtschaft", Edition standort-agentur.de, Klein & Vogeler GbR, 2012, „Mit Leidenschaft für Menschen und Möbel" (porta-Unternehmensgruppe), Porta Service & Beratungs GmbH & Co. KG, Porta Westfalica 2015;

Niedringhaus: Kuratorin und Niedringhaus-Biografin Sonya Winterberg;

Lückenkemper: Martin Neumann

Weitere Bücher aus Ihrer Region

Christa Weniger
Westfalen – Gerichte unserer Kindheit
Rezepte und Geschichten
128 Seiten, Hardcover
ISBN 978-3-8313-2983-0

Wilhelm Schöttler
Westfälische Weihnachtsgeschichten
80 Seiten, Hardcover
ISBN 978-3-8313-2393-7

Urte Engelhard
Münsterland – 1000 Freizeittipps
Ausflugsziele, Sehenswürdigkeiten,
Sport, Kultur, Veranstaltungen
192 Seiten, Klappenbroschur
ISBN 978-3-8313-2895-6

Matthias Rickling
Ostwestfalen-Lippe – 1000 Freizeittipps
Ausflugsziele, Sehenswürdigkeiten,
Sport, Kultur, Veranstaltungen
208 Seiten, Klappenbroschur
ISBN 978-3-8313-2291-6